W0195785

6 INSIDER-TIPPS
Von allen Insider-Tipps finden Sie hier die 15 besten

8 BEST OF …
● Tolle Orte zum Nulltarif
● Typisch Karibik
● Schön, auch wenn es regnet
● Entspannt zurücklehnen

12 AUFTAKT
Entdecken Sie die Karibik!

18 IM TREND
In der Karibik gibt es viel Neues zu entdecken

20 FAKTEN, MENSCHEN & NEWS
Hintergrundinformationen zu den Karibischen Inseln der Kleinen Antillen

26 ESSEN & TRINKEN
Das Wichtigste zu allen kulinarischen Themen

30 EINKAUFEN
Shoppingspaß und Bummelfreuden

32 BARBADOS

40 WINDWARD ISLANDS
40 Dominica 45 Grenada
50 St. Lucia 53 St. Vincent

56 FRANZÖSISCHE ANTILLEN
57 Guadeloupe 61 Martinique
63 St-Barthélemy 66 St-Martin

68 LEEWARD ISLANDS
68 Anguilla 71 Antigua
75 Montserrat 77 Nevis
78 St. Kitts

SYMBOLE
INSIDER TIPP Insider-Tipp
★ Highlight
●●●● Best of …
❉ Schöne Aussicht
Ⓦ Grün & fair: für ökologische oder faire Aspekte
(*) kostenpflichtige Telefonnummer

PREISKATEGORIEN HOTELS
€€€ über 200 Euro
€€ 100 – 200 Euro
€ unter 100 Euro
Die Preise gelten pro Nacht für zwei Personen im Doppelzimmer in der Wintersaison

PREISKATEGORIEN RESTAURANTS
€€€ über 35 Euro
€€ 20 – 35 Euro
€ unter 20 Euro
Die Preise gelten für ein Essen mit Vor- und Nachspeise, aber ohne Getränke, Steuern und Trinkgeld

MARCO ⊕ POLO

KARI BIK

KLEINE ANTILLEN

ATLANTISCHER
BAHAMAS OZEAN

KUBA · DOM. REP. · Virgin Islands (USA/GB)
Große Antillen · HAITI
JAM. · Puerto Rico (USA) · Guadeloupe (F)

Karibisches
Meer · Kleine Antillen · BARBADOS

KOLUMBIEN · GRENADA

VENEZUELA

MARCO POLO AUTORIN
Irmeli Tonollo
Irmeli Tonollo ist freie Journalistin und Reiseschriftstellerin
und schreibt für deutsche Buch- und Zeitschriftenverlage.
Nach dem Abitur ging sie für drei Jahre nach London, um
Anglistik und Indologie zu studieren. Über Freunde kam sie
auf die British Virgin Islands, die ihr gleich so gut gefielen,
dass sie ihren zweiten Wohnsitz dorthin verlegt hat. Seit
1993 bereist sie regelmäßig alle karibischen Inseln.

REIN INS ERLEBEN

Mit dem digitalen Service von MARCO POLO sind Sie noch unbeschwerter unterwegs: Auf den Erlebnistouren zielsicher von A nach B navigieren oder aktuelle Infos abrufen – das und mehr ist nur noch einen Fingertipp entfernt.

82 NIEDERLÄNDISCHE ANTILLEN
82 Saba 85 Sint Eustatius
86 Sint Maarten

90 VIRGIN ISLANDS
92 St. Croix 93 St. John 95 St. Thomas 96 Tortola 98 Virgin Gorda

100 ERLEBNISTOUREN
100 Sail the British Virgin Islands 104 Dominica: Wanderung zum Boiling Lake
106 Autotour rund um St. Kitts
109 Ausflug von Grenada nach Carriacou

112 SPORT & WELLNESS

116 MIT KINDERN UNTERWEGS

118 EVENTS, FESTE & MEHR

120 LINKS, BLOGS, APPS & CO.
Zur Vorbereitung und vor Ort

122 PRAKTISCHE HINWEISE
Von A bis Z

128 SPRACHFÜHRER

136 REISEATLAS

162 REGISTER & IMPRESSUM

164 BLOSS NICHT!

GUT ZU WISSEN
Geschichtstabelle → S. 14
Eigenwillige Sprache → S. 23
Spezialitäten → S. 28
Mini-Mokes → S. 49
Bücher & Filme → S. 65
Bus fahren → S. 73
RMS „Rhone" → S. 94
Währungsrechner → S. 123
Was kostet wie viel? → S. 125
Wetter → S. 126

KARTEN IM BAND
(138 A1) Seitenzahlen und Koordinaten verweisen auf den Reiseatlas
(0) Ort/Adresse liegt außerhalb des Kartenausschnitts Es sind auch die Objekte mit Koordinaten versehen, die nicht im Reiseatlas stehen

(▯ A–B 2–3) verweist auf die herausnehmbare Faltkarte

UMSCHLAG VORN:
Die wichtigsten Highlights

UMSCHLAG HINTEN:
Karten von Castries (Saint Lucia), Roseau (Dominica), St. George's (Grenada) und St. John's (Antigua)

Die besten MARCO POLO Insider-Tipps

Von allen Insider-Tipps finden Sie hier die 15 besten

INSIDER TIPP Zimmer mit Aussicht
Vom *Sea U Hotel* auf Barbados hat man einen tollen Blick von der Klippe auf die wilde See des Atlantiks (Foto o.) → S. 39

INSIDER TIPP Lobster zum Lunch
Besonders köstlich sind die Meeresfrüchte im familiären Restaurant *Neptune's Treasure* auf dem flachen Inselchen Anegada vor Virgin Gorda → S. 99

INSIDER TIPP Im Garten Eden
Der wunderbar verwunschene Hotelgarten des *Papillote Wilderness Retreat* auf Dominica bezaubert mit seltenen tropischen Pflanzen, üppigem Grün und betörenden Düften → S. 45

INSIDER TIPP Afrikanische Wurzeln
Ob Bootstaufe oder Hochzeit – der *Big Drum* mit exzessivem Trommeln und wilden Tänzen ist der spektakuläre Höhepunkt eines jeden Festes auf der Grenadineninsel Carriacou → S. 50

INSIDER TIPP Segelstation in den Grenadinen
Auf *Bequia* werden noch alte Bootsbau- und Fischereitraditionen gepflegt – selbst Walfang wird hier noch „mit der Hand" betrieben → S. 54

INSIDER TIPP Ein Gläschen in Ehren ...
Im *Musée du Rhum Saint-James* in Ste-Marie auf Martinique darf man zum Abschluss des Besuchs den hochprozentigen Exportschlager auch probieren → S. 62

INSIDER TIPP Im Regenwald
Einen kleinen Ausflug in die „grüne Hölle" ermöglicht der *Fig Tree Drive* in Antigua. Die Straße führt durch Mango- und Bananenwälder → S. 72

INSIDER TIPP Before Sunrise
Baden, schnorcheln und surfen können Sie hier natürlich auch, berühmt ist die *Half Moon Bay* auf Antigua aber für die besonders schönen Sonnenaufgänge → S. 74

INSIDER TIPP **Strandbar mit Wildlife-Einlage**

Die *Reggae Beach Bar & Grill* auf St. Kitts ist Wassersportlern ohnehin ein Begriff. Von April bis Juli gibt es dann noch eine zoologisch höchst interessante Zugabe: Dann kann man mit Glück Wasserschildkröten beim Schlüpfen beobachten → **S. 80**

INSIDER TIPP **Lunch mit Hafenblick**

Genießen Sie im kleinen, aber freundlichen Hotel *Sea View Inn* in Basseterre auf St. Kitts die authentische Hafenatmosphäre, den schönen Blick auf Nevis und im angeschlossenen Restaurant das leckere Essen → **S. 81**

INSIDER TIPP **Wo die Sonne im Meer versinkt**

Vom *Mine Shaft Café* auf Virgin Gorda aus können Sie mit einem Cocktail in der Hand ganz entspannt den herrlichen Sonnenuntergang über den Virgin Islands bestaunen → **S. 98**

INSIDER TIPP **Schmerz, lass nach**

Ein Drink, der es in sich hat: Mindestens einen „Painkiller" muss man auf *Jost van Dyke,* der nordwestlichen Nachbarinsel von Tortola, probiert haben → **S. 99**

INSIDER TIPP **Alle Düfte des Orients**

An Markttagen duftet es in Grenadas Hauptstadt *St. George's* süß und verführerisch nach exotischen Gewürzen und tropischen Früchten (Foto u.) → **S. 47**

INSIDER TIPP **Ein Segen für Segler**

Cane Garden Bay auf Tortola ist mit seinen zahlreichen Beachbars ein idealer Treff für die große internationale Gemeinde der Müßiggänger → **S. 97**

INSIDER TIPP **Achtung, Tiefflieger!**

Exotische Vögel in prächtigen Regenbogenfarben umflattern die Besucher der Freiflugvoliere der *Barbados Wildlife Reserve,* die über eine Schleuse betreten werden muss → **S. 116**

BEST OF ...

TOLLE ORTE ZUM NULLTARIF
Neues entdecken und den Geldbeutel schonen

● **Abtanzen auf Virgin Gorda**
Mit dem Staffboat (immer zur halben Stunde) geht's auf Virgin Gorda von Gun Creek aus in den *Bitter End Yacht Club.* Jeden Donnerstagabend spielt hier eine Liveband, und es wird getanzt. Der Eintritt ist frei, und es gibt auch keinen Verzehrzwang → **S. 99**

● **Karneval auf St. Vincent**
Die *Carnival Street Party* mit Calypso- und Soca-Wettbewerben heißt auf St. Vincent „Vincey Mas": kostenloses Straßentheater, das Ende Juni oder Anfang Juli über die Bühne geht → **S. 119**

● **Kids for free**
Viele Hotels der Kleinen Antillen bieten Kindern unter 12 Jahren freie Kost und Logis – z.B. das *Blue Horizons Garden Resort* auf Grenada → **S. 49**

● **Picknick im Grünen**
Der *Botanische Garten* von Roseau auf Dominica ist eintrittsfrei und bietet neben vielen Tieren und exotischen Pflanzen auch ideale Picknickmöglichkeiten (Foto) → **S. 44**

● **Pooling**
Die Pools der karibischen Hotels stehen auch Nicht-Gästen des Hauses frei zur Verfügung. Das Hotel *Zandoli Inn* auf Dominica hat ein besonders schönes Exemplar zu bieten → **S. 45**

● **Parkführung**
Die tropische Blütenpracht der *Andromeda Gardens* auf Barbados können Sie zum Nulltarif genießen, wenn Sie sich sonntags der kostenlosen, geführten Hiking-Tour anschließen → **S. 33**

● **Aufstieg mit Blick**
Den Leuchtturm *Vieux Fort* bei Moule à Chique auf St. Lucia können Sie umsonst erklimmen. Die Sicht von dort oben – bei guter Sicht bis St. Vincent – ist einmalig → **S. 52**

●●●● Diese Punkte zeichnen in den folgenden Kapiteln die Best-of-Hinweise aus

● *Frischer Fisch*

Für Liebhaber von Fisch und Meeresfrüchten sind die Inseln der Karibik mit ihren exotischen Fischen und den phantasievollen Zubereitungsarten ein Paradies. Probieren Sie Flying Fish im *Brown Sugar* auf Barbados → S. 37

● *Reggae, Calypso, Ragga, Soca, Zouk*

Die Musik der Inseln ist allgegenwärtig. Jeder Carnival, jedes Straßenfest, jeder „Jump up" kommt mit den besten Livebands daher. Dieses Lebensgefühl steckt an und lässt sich auf CD auch nach Europa exportieren … (Foto) → S. 31

● *Partytime*

Was braucht man in der Karibik zum Feiern? Musik, Leckeres vom Grill und ganz viel Rum! Beim *Oistins Fish Fry* auf Barbados gibt's am Wochenende von allem reichlich → S. 38

● *Karibik-Flair*

Grenadas *Carenage* ist der Prototyp einer karibischen Fischerbucht: bunte Bötchen dümpeln im Wasser, in der Luft liegt der Duft von gegrilltem Fisch, und von Frachtschiffen werden geschäftig Waren be- und entladen. Mehr authentisches Karibikleben geht nicht … → S. 47

● *Fleischeintopf*

Pepperpot, der scharf gewürzte Fleischeintopf, der auf allen Inseln auf der Speisekarte steht, kommt ursprünglich aus Antigua und wird dort gern mit *fungi* (polentaartigen Mehlklößchen) serviert. Einen der besten auf der Insel bekommen Sie im *Island B-Hive Sports* → S. 73

● *Hart am Wind*

Auf einer gecharterten Yacht durch das türkisblaue Meer von Insel zu Insel zu schippern und abends den selbst gefangenen Fisch zu grillen – ein Traum! Ideales Revier: die Virgin Islands → S. 90

● *Na denn Prost!*

Der *Ti-punch,* die französische Variante des Rumpunschs, ist ein Mix aus Rum, Limette und Zuckerrohrsirup, noch üppiger bemessen als auf den englischen Inseln. Einen der besten serviert *La Passion Créole* in Déshaie auf Guadeloupe → S. 59

TYPISCH

BEST OF ...

REGEN

● Safer Shopping
Die Malls der zollfreien Inseln St. Thomas und Sint Maarten laden ein, trockenen Fußes zu bummeln, zu shoppen oder kulinarische Leckerbissen auszuprobieren → S. 88, 95

● Glück im Spiel ...
Sint Maarten, Guadeloupe, Martinique und Antigua haben die exklusivsten Spielcasinos (Foto). Wenn man schon nicht selber zocken möchte, kann man hier zumindest Glück und Pech der anderen beobachten. Besonder stilvoll geht das im *St. James Club* auf Antigua → S. 74

● Fit for Fun
Nutzen Sie einen Regentag doch dafür, sich in Form zu bringen: Die Gyms der exklusiveren Hotels sind zumeist exzellent ausgestattet und bieten tolle Fitnessprogramme auch für Nicht-Gäste, z.B. das *Bougainvillea Beach Resort* auf Barbados → S. 39

● Piratengold und Zuckerrohrvergangenheit
Martinique, Guadeloupe, Antigua, St. Kitts, Nevis, St-Barths und Barbados präsentieren kleine Museen zur Kolonialgeschichte mit schön präsentierten Exponaten, in denen man einen Regenguss gut überbrücken kann. Besonders schön: das *Barbados Museum* → S. 34

● Rumprobe an der Hotelbar
Jeder Bartender ist stolz auf die guten Rumsorten der einzelnen Inseln. Probieren Sie die verschiedenen Destillate aus und bestimmen Sie Ihren Lieblingsrum als Mitbringsel für Zuhause. Stimmungsvoll ist die Bar *Shirley Heights Lookout* in Antigua, mit Blick auf die Bucht → S. 74

● Unter Wasser im Trockenen
Im *Coral World Ocean Park* auf St. Thomas können Sie ein lebendes Korallenriff mit seinen exotischen Bewohnern durch eine Glasscheibe betrachten – und das Wetter draußen kann Ihnen egal sein → S. 117

ENTSPANNT ZURÜCKLEHNEN
Durchatmen, genießen und verwöhnen lassen

● **Sunset Cruises**
Bei einem Glas Sekt oder Rumpunsch segeln und beobachten, wie sich erst die untergehende Sonne, dann der Mond im Meer spiegelt, dabei dem leisen Plätschern der Wellen lauschen – einfach himmlisch!
→ S. 114

● **Sonnengrüße**
Inzwischen werden auf allen Inseln entspannende Yoga-Kurse für Urlaubsgäste angeboten. Das Hotel *Coral Reef Club* auf Barbados hält dafür besonders schöne Räumlichkeiten bereit → S. 39

● **Sonntags zum Cricket**
Beim Lieblingssport der West Indies nimmt man ein *pattie* hier, ein Bierchen dort, ein Pläuschchen mit dem Nachbarn, ein Schläfchen in der Nachmittagssonne – das Cricketfeld als Kulisse für Müßiggang. Besonders empfehlenswert: *Sir Vivian Richards Cricket Stadium* auf Antigua → S. 74

● **Teatime**
Die Luxushotels der englischen Inseln zelebrieren ihre Teestunde ganz klassisch-britisch. Sandwiches, Scones mit Cream und feinster Assam oder Darjeeling unter Palmen erfreuen auch das mitteleuropäische Herz, z.B. im *Nisbet Plantation Beach Club* auf St. Kitts → S. 78

● **Verschönerungskur**
Die Spas der exklusiveren Hotels bieten wunderbare Massagen, Packungen und Entspannungstherapien an, die auch Nicht-Gäste buchen können, z.B. das *Cap Juluca* auf Anguilla → S. 71

● **Go limin'**
Ein Brauch, den man sich von den Einheimischen nur abgucken kann: *liming* – ganz entspannt ohne Absicht nichts tun. Das Motto: dösen, plauschen, von Bar zu Bar schlendern, sich in einer Hängematte unter Palmen wiegen (Foto). Zum Liming eignen sich die entspannten British Virgin Islands vorzüglich → S. 90

AUFTAKT

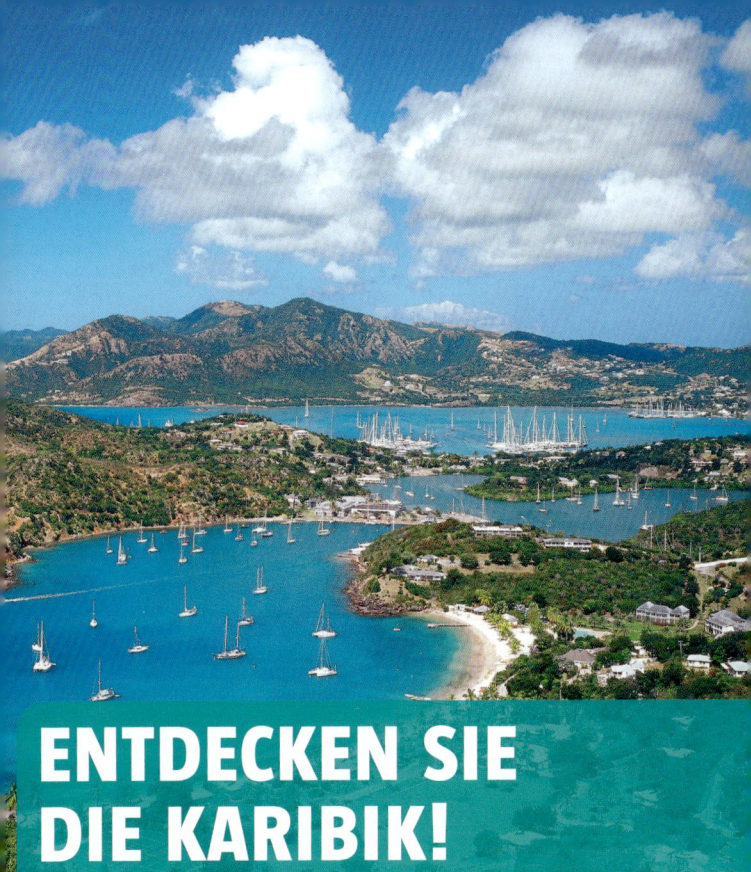

ENTDECKEN SIE DIE KARIBIK!

„Down the way where the nights are gay / and the sun shines daily on the mountaintop …" – zwei Zeilen, die die Karibik treffend beschreiben. Der große Harry Belafonte verstand es in den 1960er-Jahren, die Sehnsucht nach *Palmen, Sonne, Karneval*, entspanntem Leben und karibischem Rum mit seinen Songs zu wecken. Tatsächlich scheint hier fast immer die Sonne. Die beständige Brise aus dem Nordosten macht das Klima jedoch gut verträglich. Und sollte es wirklich einmal regnen, handelt es sich meist nur um einen kleinen Schauer, der nach ein paar Minuten der Sonne wieder Platz macht.

Das schöne Wetter ist *ideal für alle Wasserratten*. Schnorchelnd oder tauchend lassen sich Korallenriffe erkunden, die meisten Hotels verleihen Surfbretter, Kajaks und Wasserskier, Charterfirmen vermieten Segelboote mit oder ohne Skipper. Einige Inseln haben noch aktive Vulkane und Regenwälder – wie z. B. Dominica, St. Lucia und Saba –, die zum Wandern einladen und *Naturinteressierte* locken. Wenn der perfekte Urlaub für Sie Sonnenbaden am Strand bedeutet, wenn Sie Nightlife erwarten – Diskos, Spielkasinos, Restaurants –, dann bekommen Sie z. B. auf Barbados, Antigua oder Sint Maarten alles, wonach Ihnen der Sinn steht.

Bild: Shirley Heights, Blick auf English Harbour, Antigua

Sonne, Sand, Palmen, Felsen und Meer: Felsformation The Baths auf Virgin Gorda

Jede Insel hat ihren eigenen Charakter, jede ist anders als ihre Nachbarin, auch wenn diese vielleicht nur wenige Kilometer entfernt liegt. Jede Insel hat ihre eigene Geschichte, ihre charakteristische Bevölkerungsmischung, ihre Sprache und ihr eigenes Gesicht. Ihre Bewohner, Nachfahren der Sklaven, haben sich im Laufe der Jahrhunderte mit Indern, Chinesen, Arabern, Engländern und Einwanderern der ganzen Welt vermischt. Hier leben *Schwarz und Weiß* in allen Erscheinungsformen zusammen, Muslime verstehen sich mit Hindus, Rastamänner mit Methodisten, Hoteliers mit Marktfrauen. Der gemeinsame Ursprung hat soziale, religiöse und kulturelle Barrieren weitgehend aus dem Weg geräumt. Dass die einzelnen Inseln politische, wirtschaftliche und soziale Unterschiede aufweisen, ist eher geografischen und geologischen Voraussetzungen zu verdanken. Die *französischen Inseln* haben als Teil der Grande Nation (und na-

> **Jede Insel hat ihren eigenen Charakter, ihre eigene Geschichte**

1000 v. Chr.
Aus dem Orinoko-Gebiet stammende Indianer besiedeln von Süd nach Nord den karibischen Raum

1492–1504
Kolumbus bereist die Karibik viermal. In der Folgezeit kommen spanische Siedler auf die Kleinen Antillen

1536
Pedro a Campo, ein portugiesischer Seefahrer, landet auf Barbados

16.–18. Jh.
Zwischen den Inseln der Karibik treiben Freibeuter ihr Unwesen

17./18. Jh.
Franzosen, Engländer und Holländer siedeln sich im

türlich mit deren finanzieller Hilfe) einen relativ hohen Lebensstandard. Auch den **US Virgin Islands** geht es mit dem Dollar als Landeswährung eher gut, während Inseln wie z. B. St. Vincent mit weniger entwickeltem Tourismus und einer Arbeitslosenquote von 20 Prozent mit den sozialen Folgen wirtschaftlicher Schwäche kämpfen.

Die Inselkette der Kleinen Antillen erstreckt sich in einem ca. 800 km langen, sanft geschwungenen Bogen von der Küste Südamerikas bis südöstlich von Puerto Rico. Viele der Inseln sind *vulkanischen Ursprungs*. Das lässt sich nicht nur an den oft steil aus dem Meer aufsteigenden Küsten und den schroffen Bergen im Inland erkennen, sondern auch an vielen, nur zeitweise ruhenden Vulkanen, an heißen Quellen und Schwefeldämpfen, die unvermutet aus Felsspalten aufsteigen. Dieser unruhige geologische Untergrund bedeutet für die Inselbewohner nicht nur den Segen eines fruchtbaren Bodens, sondern auch eine ständige Gefahr. Nur einige Inseln sind flach und zeugen so von ihrer Entstehung aus gehobenen Kalksteinsedimenten – meist die Überreste von *Korallenbänken*, die man z. B. auf Barbados oder Anguilla finden kann. Die Karibik ist ein subtropisches Gebiet.

> **Vulkane, heiße Quellen, Schwefeldämpfe**

Im Unterschied zu den gemäßigten Breiten fehlen die uns gewohnten Jahreszeiten. Temperaturunterschiede zeigen sich eher im Laufe eines Tages als im Laufe des Jahres. Dennoch gibt es *seasons:* Im Sommer und Herbst steigen die Temperaturen geringfügig an, es fallen mehr Niederschläge: eine feuchtwarme Regenzeit. Im Spätsommer kann es vorkommen, dass aus dem südöstlichen Atlantik ein Hurrikan seinen zerstörerischen Weg durch die Karibik und weiter in den Süden der USA nimmt.

karibischen Raum an. Die Inseln erleben als Zuckerproduzenten eine wirtschaftliche Blütezeit, die dem Einsatz afrikanischer Sklaven zu verdanken ist

1833–63
England, Frankreich und die Niederlande schaffen die Sklaverei auf den Inseln ab

Ende des 19. Jhs.
Der Zuckerrohranbau geht zurück, da in Europa aus Rüben Zucker gewonnen werden kann

Mitte des 20. Jhs.
Nach dem Zweiten Weltkrieg setzt der Tourismus in der Karibik ein und bringt vielen Inseln einen neuen wirtschaftlichen Aufschwung

Die Karibik war vom 16. bis zum 19. Jh. eine wichtige *Drehscheibe im Warenverkehr* zwischen dem amerikanischen Doppelkontinent und Europa. Als Kolumbus 1492 die Inseln betrat, läutete er eine neue Epoche für die Region ein. Die Inseln waren zu dieser Zeit von Indianerstämmen besiedelt, die in Kanus aus Südamerika gekommen waren. Da Kolumbus glaubte, einen Seeweg nach Indien gefunden zu haben, hielt er diese Menschen für „Inder". Noch heute erinnert die Bezeichnung Indianer an diesen Irrglauben, ebenso wie der im Angelsächsischen verbreitete Begriff *West Indies* für den karibischen Raum.

Der Irrtum des Christoph Kolumbus

Die Besiedlung der Inseln durch europäische Einwanderer leitete ein düsteres Kapitel der Geschichte ein. Die Kleinen Antillen waren zwar arm an Bodenschätzen, dafür hatten sie aber *fruchtbares Land*. Und schon bald fand sich auch ein gewinnträchtiges Anbauprodukt: Zucker. Allerdings war der Anbau von Zuckerrohr sehr arbeitsintensiv. So kamen findige Europäer auf den Gedanken, die harte Arbeit auf den Plantagen von *afrikanischen Sklaven* verrichten zu lassen – die indigene Urbevölkerung hatten sie ja schon fast ausgerottet. Für die Europäer entstand so ein äußerst lukrativer Dreieckshandel, der den Afrikanern unendliches Leid brachte. In Schiffen zusammengepfercht, wurden die Sklaven von der westafrikanischen Küste verschleppt und auf den Märkten der Zuckerinseln wie Vieh an die Pflanzer verkauft. Dann wurden die nun leeren Schiffe mit Zucker und Zuckerprodukten für Europa beladen. Die Sklaverei in der Karibik wurde im 19. Jh. beendet. Zeitlich fiel ihr Ende mit dem Niedergang von *„König Zucker"* zusammen, denn in Europa war mit dem Rübenzucker ein Konkurrenzprodukt auf den Markt gekommen, das viele Plantagen auf den Antillen in den Konkurs trieb. Die europäischen Staaten erließen nach und nach Gesetze zur Abschaffung der Sklaverei in ihren Kolonien: Großbritannien (1833) zuerst, die Niederlande (1863) zuletzt.

Nach dem Zweiten Weltkrieg begann ein Prozess der politischen Umorganisation, der etlichen Kolonien die *Unabhängigkeit* brachte: Die meisten einst britischen Inseln sind heute eigenständige Staaten oder Teile eines Staatenverbunds. Die Niederländischen und die Französischen Antillen wurden dagegen zu überseeischen Provinzen ihrer Mutterländer, sind also völkerrechtlich Teile Europas. Ähnlich verhält es sich

1966–83 Barbados, Grenada, Dominica, St. Vincent, St. Lucia und Antigua werden unabhängig

1973 Die Wirtschaftsorganisation Caricom entsteht, der heute viele Inseln der Kleinen Antillen angehören

1983 Mit einer militärischen Invasion auf Grenada stürzen die USA die angeblich kommunistische Regierung

1995–97 Ausbrüche des Vulkans La Soufrière zerstören Montserrats Hauptstadt Plymouth und den Südteil der Insel

Für eine Partie Domino im Schatten ist immer Zeit

mit den US Virgin Islands (USA), während die British Virgin Islands noch immer eine britische Kronkolonie sind.

Die größte Einnahmequelle ist heute mit Abstand der *Tourismus*. Die Inseln tun deshalb für ihre internationalen Gäste, was möglich ist. Die Größeren verfügen

Hier sind Besucher willkommen

inzwischen über eine Infrastruktur, die kaum Wünsche offen lässt. Die Kleineren bemühen sich, ihre Vorteile in ein gutes Licht zu rücken. Für alle Inseln gilt, dass die Einwohner Besuchern, die ihnen mit Respekt begegnen, offen und freundlich entgegentreten.

2002 Der Euro wird offizielles Zahlungsmittel auf den französischen Inseln Guadeloupe und Martinique

2007 St-Martin und St-Barts lösen sich aus dem Département Guadeloupe und gelten von nun an als „französisches Außengebiet"

2007 Hurrikan Dean richtet auf den südlichen kleinen Antillen große Schäden an

2013 Grenada legt ein „Programm für Integrierte Anpassungsstrategien" auf, das sich mit den Auswirkungen des Klimawandels für die Insel befasst

IM TREND

1 Insel-spirierend

Kunst Fischerszenen und palmgedeckte Hütten – in der *Inner Gallery (Reduit Beach Avenue | Rodney Bay Village)* auf St. Lucia zeigen Kreative ihre „Caribbean inspired Art". Auch die *Gallery Of Caribbean Art (Queen Street | Speightstown, St. Peter)* auf Barbados konzentriert sich auf Werke von Künstlern, die ihre Inspiration in den Inseln gefunden haben. Jason de Caires Taylor geht einen Schritt weiter. Mit seinen Unterwasserskulpturen *(www.underwatersculpture.com) (Foto)* gestaltet er die Landschaft mit – und schafft so neuen Lebensraum für Tiere.

Im Einklang

2

Natürlich 🌿 Auf Dominica liebt man es natürlich. Im *Screw's Sulphur Spa (Wotton Waven | www.screwsspa. com)* baden Sie in mineralstoffreichem Wasser, bevor Sie sich mit *Onelove Livity (www.onelovelivity. com)* auf einen Eco-Trip verabschieden. Gemeinsam wird Yoga praktiziert und meditiert. Zu Ruhe betten Sie sich im *Jungle Bay Resort & Spa (Point Mulatre) (Foto)*. Das Ökoresort wartet mit Holzhütten und Vulkansteinpool auf, bietet Yogakurse und vegetarische Küche.

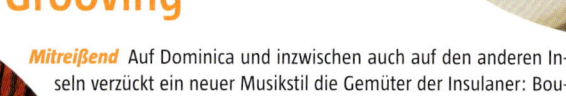

Grooving

3

Mitreißend Auf Dominica und inzwischen auch auf den anderen Inseln verzückt ein neuer Musikstil die Gemüter der Insulaner: Bouyon Soca, auch Jump up Soca genannt, ist ein Mix aus Bouyon (Mischung aus traditioneller und moderner kreolischer Musik) und Soca (**So**ul & **Ca**lypso). Angesagtester Sänger ist der von Dominica stammende und jetzt auf Guadeloupe lebende Barde Benz, alias Mr. Gwada. Seine Songs wie „On the Road", „Bad Behaviour" oder „Saw Him" sind in der Szene längst die beliebtesten Ohrwürmer geworden.

Hochprozentige Karibik

Destillerien Die Karibik ist bekannt für ihren Rum. Nun öffnen immer mehr Destillerien ihre Türen für Besucher – und offenbaren das Geheimnis ihrer hochprozentigen Produkte. Die älteste Destillerie der Karibik ist die ☉ *River Antoine Distillery (St. Patrick's | Grenada)*. Dort wird noch mit einer alten Wassermühle gearbeitet, der Rum hat Bioqualität. Auf Martinique können Besucher den Herstellungsprozess vom Zuckerrohr bis zur Abfüllung verfolgen und im Anschluss daran auch den *La-Mauny*-Rum probieren *(Rivière Pilote | www. rhumdemartinique.com)*. Auf Barbados öffnet *Mount Gay (Spring Garden Highway | Bridgetown | www.mountgay rum.com)* seine Tore für neugierige Besucher. St. Lucias hochprozentige Geheimnisse entdecken Interessierte bei einer Tour durch das Roseau Valley *(über www.shoretrips.com)*.

4

Made in Barbados

5

Mode Internationale Mode mit dem gewissen karibischen Extra. Das schneidert Pat Brathwaite *(desig nerpaju.com)*. Barbados Flora und Fauna dienen ihr nicht nur als Inspiration, sie nutzt auch gerne lokale Stoffe und Farben in ihren Entwürfen. Auch bei ☉ *Kuumba Designs (www. facebook.com/KuumbaDesigns) (Foto)* ist die karibische Inspiration sichtbar, tragbar sind die Ökostücke aber auch nach dem Urlaub. *Avark (Maple Court Cottage | Hastings | Christ Church | www.facebook.com/avarkinc)* spüren in ihren Kollektionen ihren afrikanischen Wurzeln nach und designen so einzigartige Taschen. Das Modeevent *Face of Fashion (fofashion.com)* ist eine der ersten Anlaufstellen für Fashionistas auf Barbados.

FAKTEN, MENSCHEN & NEWS

ARCHITEKTUR

Die Kolonialherren schmückten ihre Siedlungen mit Kathedralen, Palästen und prächtigen Bürgerhäusern so, wie sie es von den Städten zu Hause gewohnt waren. Vieles von dem, was sie errichteten, fiel jedoch den Tücken des Klimas, Feuersbrünsten, Kriegen und Stürmen zum Opfer. Stein war ein seltener Baustoff, der oft durch Holz ersetzt wurde, das schneller verrottet. Daher gibt es nicht so viele Baudenkmäler auf den Kleinen Antillen wie in den europäischen Mutterländern. Dennoch kann man manches Kleinod finden. Besonders interessant sind die alten Herrenhäuser der Plantagen, die so genannten *Great Houses*, die noch den Wohlstand ihrer ehemaligen Besitzer erkennen lassen. An ihnen lässt sich ebenso wie an den farbenfrohen kleinen Häuschen der weniger Betuchten erkennen, wie die Architektur an die Gegebenheiten des Klimas angepasst wurde. Umlaufende, überdachte Veranden schützen die im Inneren gelegenen Räume vor Sonneneinstrahlung, lassen aber durch die zahlreichen, meist mit Jalousien statt mit Glasscheiben versehenen Fenster jeder kleinen Brise die Möglichkeit, kühlend durchs Haus zu streichen. Ob der Architekt eines modernen Hotels gut war, lässt sich oft daran erkennen, inwieweit er diesen bewährten Baumustern gefolgt ist.

CRICKET

Nationalsport der englischen Inseln ist und bleibt Cricket! Barbados, die

Piraten, Rum, Vulkane: Die Karibik ist nicht nur geologisch eine unsichere Zone, auch historisch kehrte selten Ruhe ein

Windward und Leeward Islands stellen Teams, die international beachtliche Erfolge erzielen. Am Wochenende, wenn die Sonne nachmittags nicht mehr so heiß brennt, finden sich die Einheimischen mit Kind und Kegel auf dem *local cricketground* ein, um ihre Spieler anzufeuern und Snacks zu verspeisen. Es macht gar nichts, wenn man die Spielregeln nicht versteht, man kommt und geht sowieso, wandert ein bisschen herum, schwatzt oder sitzt unter einem Baum im Schatten ...

CRISTOBAL COLÓN

Christoph Kolumbus war der erste europäische Tourist in der Karibik. Heute weiß jeder Lokalpatriot auf den Antillen zu berichten, wann und auf welcher seiner Reisen Colón (so die spanische Version des Namens) die Inseln gesichtet oder „entdeckt" hat. Historisch gesichert sind die vermeintlichen Fakten nicht, denn Bordbuch, Augenzeugenberichte und die Karten des Entdeckerzeitalters stellen keine zuverlässigen Quellen dar. Aber vielleicht ist es ja auch gar nicht so wichtig ...

DOMINOES

In praktisch jedem Rumshop wird Domino (sprich: Dominoes) gespielt. Zu viert – die sich gegenüber Sitzenden spielen zusammen – knallt man der Reihe nach die Steine auf den Tisch und

Bunter Papagei auf St. Lucia

spielt unter lautstarken Kommentaren um Getränke oder Geld.

FLORA & FAUNA

Viele Inseln der Antillen sind Paradiese für Naturkundler. Ob Sie nun an Vögeln oder Reptilien, an Orchideen oder Kakteen interessiert sind, hier finden Sie fast immer seltene endemische, also nur in begrenzten Gebieten auftretende Arten. Oft sind sie leider – wie die schönen Papageien von St. Vincent, St. Lucia oder Dominica – akut vom Aussterben bedroht, da Wilderer seit Jahrzehnten die Bestände verringern, um die Nachfrage europäischer und nordamerikanischer „Liebhaber" zu befriedigen. Mit einem ortskundigen Führer können Sie jedoch hoffen, im frühen Morgengrauen eines dieser Urwaldjuwelen zu erblicken.

Die Vielfalt der Arten im Pflanzen- wie im Tierreich ist bemerkenswert. Eine Ausnahme bilden nur die Säugetiere. Es gibt nur sehr wenige, kleine Arten auf den Inseln, Mungos z. B. oder das Nagetier Aguti. Auf Barbados und St. Kitts leben auch Affen. Die Welt der Reptilien hat ein paar besonders schöne Exemplare zu bieten, sehr große Leguane und Schlangen wie z. B. die Boa constrictor – Giftschlangen sind jedoch selten. Auf Wanderungen im Regenwald kann man mit etwas Glück auch bunte Schmetterlinge oder nicht minder farbenfrohe Käfer beobachten. Während einer Regenwaldwanderung wird der Pflanzenfreund vor Neid erblassen: All das, was in gemäßigtem Klima mit sorgfältiger Pflege im Blumenfenster oder im Gewächshaus mühsam am Leben erhalten wird, wächst hier in kraftstrotzender, wuchernder und farbiger Fülle: Philodendren, Palmen, Baumfarne und Bromelien, Orchideen und Farne, Bananen, Drachenbäume, Bambus und viele Pflanzen mehr.

Vor den Küsten der Inseln erstreckt sich ein weitläufiges Unterwasserreich, das lohnt, vorsichtig erforscht zu werden. Eine Taucherausrüstung ist nicht unbedingt erforderlich, denn Fische und Korallen lassen sich mit Schnorchel und Brille, mitunter schon mit bloßem Auge vom Boot aus beobachten.

Einige Inseln sind für Naturbegeisterte besonders zu empfehlen. Am schönsten ist Dominica mit seinen ausgedehnten Regenwäldern, seinen malerischen Wasserfällen und Tauchrevieren vor der

Küste. Auf Guadeloupe befindet sich der Vulkan La Soufrière in einem großen Nationalpark. St. Lucia hat neben schönen Regenwäldern und den Piton-Bergen ebenfalls einen Vulkan zu bieten, in dessen Krater Sie (nicht ganz) mit dem Auto fahren können – ein sogenannter „Drive-In-Vulcano".

Auf anderen Inseln ist das Angebot nicht ganz so reichhaltig, aber fast immer findet sich eine kleine Schlucht mit epiphytenbewachsenen Bäumen, ein kleiner Nationalpark oder ein botanischer Garten.

HURRIKAN

Nicht jede *hurricane season* beschert den Kleinen Antillen einen gefährlichen Tropensturm, und nicht jeder Hurrikan, der eine der Inseln berührt, richtet auch gleich größere Schäden an. Aber die Zahl und Stärke der Stürme hat in den letzten Jahren deutlich zugenommen. Dabei gilt: Je nördlicher die Inseln liegen, desto höher ist die Hurrikanwahrscheinlichkeit. Die Windward Islands und Barbados z.B. sind weniger betroffen als die Leeward Islands und die Virgin Islands. Die Spuren heftiger Stürme werden größtenteils innerhalb weniger Wochen beseitigt.

INDIANER

Die Ureinwohner der Kleinen und Großen Antillen waren Indianer. Zuerst kamen die Arawaken aus dem Orinoko-Gebiet (Südamerika) und besiedelten in der Zeit von Christi Geburt bis zur Ankunft der Europäer die Karibik von Süden nach Norden. Sie waren friedliebende Bauern und Fischer, die auf vielen Inseln von den später nachströmenden, kriegerischen Kariben verdrängt wurden. Weder die Arawak-Stämme noch die Kariben konnten sich gegen die Spanier zur Wehr setzen. Sie fielen der Zwangsarbeit in den Minen, den eingeschleppten Krankheiten und dem systematischen Völkermord der Kolonialherren zum Opfer. Heute gibt es nur noch auf wenigen Inseln nennenswerte Bevölkerungsgruppen, in deren Adern indianisches Blut fließt.

KANNIBALEN

Es ist leicht zu erkennen, dass der Name „Karibik" für die gesamte Region auf seine ursprünglichen Bewohner zurückgeht, die Kariben (dass sie keines-

EIGENWILLIGE SPRACHE

Die Bewohner der britischen Inseln sprechen nicht einfach nur Englisch. Sie sprechen „Westindisch", eine melodiöse Sprache, die mit eigener Grammatik und Idiomen schon für Engländer schwer zu verstehen ist. Für deutsche Ohren ist das Westindische, will man miteinander redende Einheimische „belauschen", hoffnungslos, zumal es extrem schnell gesprochen wird. Redewendungen wie *I don't know* (Ich weiß es nicht) werden in der landesüblichen Sprache zu *me na no*. *I'll see you later* (bis bald) schrumpft zu einem knappen *lata*; *the worst place* (der schlimmste Ort) ist *de wussest place*. Natürlich haben sich die Inselbewohner, die mit ausländischen Gästen zu tun haben, ein gewisses „Amerikanisch" zugelegt, weshalb es kaum zu sprachlichen Problemen kommen wird, wenn man des Englischen einigermaßen Herr ist.

wegs die ersten Siedler dieser Gegend waren, wird mit der Namensgebung schlicht unterschlagen). Weniger leicht erkennbar ist jedoch, dass sich auch der europäische Begriff für Menschenfresserei vom Namen der Kariben ableitet: Die Kariben waren Kannibalen. So behaupteten es wenigstens die ersten spanischen Siedler und Eroberer der Inseln, die damit einen guten Grund zu haben glaubten, sich der lästigen Ureinwohner zu entledigen. In der Wissenschaft sind diese Berichte der Spanier indes umstritten.

NELSON

Horatio Nelson (1758–1805), der Sieger der Schlacht von Trafalgar, lernte sein Handwerk als Seemann in der Karibik. Doch der junge Offizier zeichnete sich nicht nur als umsichtiger Befehlshaber der britischen Karibikflotte aus, er war auch in seinen Privatangelegenheiten ein vorausplanender Mensch – wenn auch nicht immer mit Erfolg. Auf der Insel Nevis lernte er die junge Witwe Nisbet kennen, die im Ruf stand, eine sehr gute Partie zu sein. Nach der Hochzeit musste Nelson erkennen, dass ihr Wohlstand bei weitem nicht so groß war, wie er angenommen hatte, sodass ihm die erhoffte Sicherung eines standesgemäßen Lebensstils doch nicht gelungen war.

PIRATEN

Die Freibeuter, Piraten und Bukaniere waren im 16., 17. und 18. Jh. die wahren Herren der Karibischen See. Besonders die mit reichen Gold- und Silberschätzen aus der Neuen Welt beladenen spanischen Galeonen waren eine willkommene und oft auch leichte Beute. Henry Morgan, Blackbeard und all die anderen verwegenen Gesellen schreckten auch keineswegs davor zurück, selbst gut befestigte Städte auf den Inseln zu überfallen und auszuplündern.

Ein Ende nahm das Piratenunwesen erst, als die europäischen Großmächte davon abließen, diese undisziplinierten und unberechenbaren Banden als Hilfstruppen in den Stellvertreterkriegen einzusetzen, die sie in der Karibik untereinander ausfochten.

RASTAFARI

Die ursprünglich auf Jamaika entstandene, dem Christentum entstammende Glaubensrichtung lehrt die Göttlichkeit Haile Selassies, der als Erfüllung einer Prophezeiung galt, die die Krönung des Kaisers von Äthiopien vorhersagte. Das Wort Rastafari leitet sich aus *Ras Tafari Makommen*, dem Fürstentitel des Kaisers Heile Selassi ab. Die Farben der Bewegung sind Rot, Gelb und Grün und als Symbol der Bewegung auf T-Shirts, Mützen, Schmuck u.ä. zu finden. Aufgrund der strengen Reinheitsvorschriften des Alten Testaments lehnen Rastafarians Alkohol und Tabak ab und ernähren sich vegetarisch und salzlos. Eine besondere Bedeutung hat *Ganja* (Cannabis), das rituell zum *Reasoning* (Nachdenken) geraucht wird und dem eine heilende Wirkung zugesprochen wird. Die Dreadlocks vieler Rastafarians sind Ausdruck ihrer Naturverbundenheit und Nähe zu Gott und erinnern an die Mähne des Löwen von Juda.

RELIGION

Die meisten Bewohner der englischsprachigen Inseln sind Anhänger verschiedener protestantischer Religionsgemeinschaften. Jede dieser Inseln hat eine (oder mehrere) methodistische, baptistische, anglikanische, adventistische Kirche und die Church of God. Auf den französischen Inseln dominiert die römisch-katholische Kirche. Außerdem gibt es auf allen Inseln Hindus und Muslime.

RUM

Mit Bedacht genossen, gehört Rum – ob pur oder im Cocktail – zu den kulinarischen Höhepunkten eines Karibik-Aufenthalts. Das aus Melasse (ein Abfallprodukt, das beim Pressen des Zuckerrohrs anfällt) hergestellte Getränk ist das letzte Zeugnis der ehemaligen Herrschaft des Zuckers auf den Inseln. Noch heute hat fast jede der Kleinen Antillen ihre eigene Wege, sodass auch weniger trainierte Besucher sie begehen können. Besonders empfehlenswert ist eine Besichtigung auf Dominica, Guadeloupe, Martinique, St. Vincent und St. Lucia.

ZUCKER

Der Zucker regierte für lange Zeit das Leben auf den Kleinen Antillen. Die Inhaber der großen Plantagen bestimmten

Guadeloupe: Zuckerrohr sorgte für den Reichtum der europäischen Pflanzer

Marke, oft sogar mehrere, sodass man sich schwer tut, seinen persönlichen Favoriten zu küren.

VULKANE

Die Karibik ist eine geologisch unruhige Zone. Viele Vulkane sind nicht erloschen, sondern nur inaktiv. Große Schäden hinterließ der Vulkanausbruch auf Montserrat: 1995–97 zerstörten mehrere Eruptionen Teile der Insel und die Hauptstadt Plymouth. Die meisten der inaktiven Vulkane haben markierte

das politische und soziale Leben, obwohl sie oft als *absentee landlords* in London oder Paris residierten und ihre Besitztümer von Verwaltern führen ließen. Unermesslicher Reichtum und die damit verbundene Macht lagen in den Händen nur weniger Familien – geschaffen von einem Heer afrikanischer Sklaven, die für den Luxus ihrer Herrschaften oft genug ihr Leben lassen mussten. Erst der Anbau von Zuckerrüben in Europa brachte dem Plantagenwesen in der Karibik den Niedergang.

ESSEN & TRINKEN

Die Karibik ist ein Paradies für Menschen, die gerne und gut essen, aber auch für jene, die nicht so anspruchsvoll sind. Hier kann man noch Neues erleben, und das Altbekannte bekommt man in einer guten Qualität geboten.

Die Speisen der internationalen Küche werden in den Hotelrestaurants dekorativ angerichtet. Und das, obwohl es nicht leicht und zudem teuer ist, in diesen Gefilden den Nachschub an Lachs und Wachteleiern zu organisieren. Wem der Sinn danach steht, der kann auch amerikanisches Fastfood bekommen: vom Hamburger bis zum Kentucky Fried Chicken. *Aber bringen Sie sich nicht um den Genuss der karibischen Küche!* Auf den Inseln werden Speisen serviert, die man zu Hause lange suchen muss. Halten Sie Ausschau nach Restaurants, die *Creole Food, Home Cooking* oder (auf Barbados) *Bajan Cuisine* anbieten: Fisch und Meeresgetier aus der Karibischen See, Obst und Gemüse aus den Gärten und von den Plantagen. Außerdem wandert allerlei Exotisches aus dem Regenwald in den Kochtopf: Gürteltier, Leguan, Riesenfroschschenkel ...

Zubereitung und Geschmack der Speisen fallen auf jeder Insel etwas anders aus. Das *Creole Cooking* ist meist den *Kochkünsten der Plantagensklaven* zu verdanken, es spiegelt aber auch die Küche der ehemaligen Kolonialherren wider. Auf den Französischen Antillen macht sich das Erbe der Grande Nation bemerkbar, auf anderen Inseln lässt sich der Einfluss der Briten nicht verkennen.

Die einheimischen Gerichte sind voller Überraschungen, aber es wird auch Kulinarisches aus der ganzen Welt geboten

Interessant sind die *heimischen Gewürze*: Muskat, Ingwer, Nelken und Chili fehlen in fast keinem Gericht. Auch Tamarinde, Zitronengras, Zimt und Muskatblüte werden auf den Inseln geerntet und in die ganze Welt exportiert. Hübsch verpackt und in einem Körbchen drapiert, sind sie ein wunderbares Mitbringsel.

Zu allen Gerichten werden Kochbananen, Süßkartoffeln, Brotfrucht oder Okraschoten serviert. Als Nachspeise gibt es *Obst in allen Variationen*: Bananen, Ananas, Mangos, Papayas, aber auch mit Rum gebackene Kuchen, Kokosnusspudding oder Meloneneis. Als Vorspeisen werden gerne *fritters* serviert, in Bierteig gebackene Conch- (Seeschnecken) oder Lobsterteile. Auch *Eintöpfe* wie *pepperpot*, rote Linsensuppe, *calalou* (eine Art Spinatsuppe) oder Kürbiscreme stehen meist auf den Karten.

Das *Nationalgericht von Grenada* heißt *oil down*, ein herzhafter Eintopf aus Dörrfleisch, Mehlklößen, Brotfrucht und Calalou, zusammen mit Kokosmilch, frischen Kräutern und Gewürzen gegart.

SPEZIALITÄTEN

Accras – Fisch- oder Gemüsekrapfen (franz. Inseln)

Blaff – gedünsteter Fisch mit Zitrone, Knoblauch und vielen Kräutern (franz. Inseln)

Boiled fish – Fischeintopf, meist Grouper oder Snapper

Boiled yam – gekochte Süßkartoffel, die als Beilage zu Gemüse, Fleisch oder Fisch gereicht wird

Calalou – Suppe aus spinatartigem Gemüse

Colombo – Fleischcurry, als *Colombo de cabri* ein Ziegenfleischcurry (franz. Inseln)

Conch – das Fleisch der großen Meeresschnecke (auch *lambi* genannt) wird in Bierteig ausgebacken und als *fritters* oder als Suppe oder Curry angeboten

Cray fish – Languste (Dominica)

Flying Fish – ausgebackener Fliegender Fisch (Barbados)

Fried plantain – gebratene Kochbanane (beilage oder Dessert)

Fungi – Mehlklößchen

Goatwater – eine Art Irish Stew mit Ziegen- oder Hammelfleisch

Jerk pork/chicken – scharf mariniertes, gegrilltes Schweine-/Hähnchenfleisch (Foto re.)

Johnny cake – ausgebackener Teigkloß, wird gern als Beilage zu Fisch oder Fleisch gereicht

Lobster – Hummer, mit exotischen Gewürzen mariniert und gegrillt oder gebacken (Foto li.)

Mountain Chicken – gebackene Froschschenkel, die im Geschmack an Hähnchen erinnern (Dominica)

Ocra – bohnenartiges Gemüse

Patties – gewürzte Teigtaschen mit Gemüse, Fisch oder Fleisch

Pepperpot – herzhafter (gut gepfefferter) Eintopf mit Ochsenschwanz und anderem Rindfleisch

Pumpkin Soup – Kürbiscremesuppe

Rice and beans/lentils – Reis mit Bohnen/Linsen als Beilage zu Fisch und Fleisch

Roti – aus der indischen Küche stammendes, mit Curry gewürztes Hähnchen-Kartoffel-Mus, das in dünne Brotfladen gewickelt wird

Saltfish with ackee – gepökelter Stockfisch mit nach Rührei schmeckendem Gemüse

Squid Stew – Tintenfischeintopf

Ti-punch – starker, französischer Rumpunsch mit Limettensaft und Zuckerrohrsirup

Barbados' Spezialität ist *flying fish,* besonders lecker *baked* (leicht paniert). Antiguas inseltypisches Gericht *pepperpot* wird dort mit Mehlklößen serviert, St. Lucias Leibgericht ist *green fig and saltfish,* Kochbananen mit Stockfisch. St. Kitts serviert seinen *saltfish* als Stew mit Kochbananen, Kokosklößen und würziger Brotfrucht und in Sint Maarten isst man am liebsten *conch* mit Mehlklößen *(dumplings).*

Auf den französischen Inseln isst man vorzüglichen *blaff,* ein würziges Fischgericht. Eine wichtige Rolle spielt auch der Lobster, der eigentlich kein Hummer, sondern eine Languste ist. Unbedingt ausprobieren sollten Sie auch das aus der indischen Küche stammende *roti,* das meist mit Mangochutney gereicht wird. Eine besondere Empfehlung verdient *das karibische Barbecue,* das auf nahezu allen Inseln am Wochenende am Straßenrand veranstaltet wird. Grundsätzlich gibt es auf fast allen Inseln chinesische, italienische, auf manchen indische sowie auf dem niederländischen Sint Maarten auch indonesische Restaurants mit mehr oder weniger guter Küche und entsprechenden Preisen.

Wer isst, will auch trinken, und gerade bei den hohen Temperaturen werden Sie schnell das Bedürfnis nach einer Erfrischung haben. Je nach Geschmack können Sie zwischen verschiedenen *Fruchtsäften und Sodas* wählen. Die sogenannten *local drinks,* selbst gemachte Säfte aus Guaven – *soursop,* einer grünen, säuerlichen Frucht – oder aus Ananas, sind oft stark gezuckert. Wer es weniger süß bevorzugt, sollte sich an Grapefruit- oder Cranberrysaft halten oder sich eine frische *Kokosnuss* aufschlagen lassen und den Saft direkt aus der Schale trinken. Köstlich ist auch der *fruit punch,* eine Mischung aus verschiedenen Früchten, der versetzt mit Rum

auch als *rum punch* getrunken wird. Allerdings ist es eher ein Touristengetränk. Die Kariben ziehen Cola-Rum oder Wodka vor. Oder versuchen Sie es doch einmal mit *karibischem Bier,* z. B. der Sorte *Carib.* Die einheimischen Biersorten sind

Exotische Cocktails – das Auge trinkt mit

leichter und alkoholärmer als die (teuren) importierten.

Die Karibik ist das Reich des Zuckerrohrs, und das dient nicht nur zur Herstellung von Raffinade, sondern auch als Grundstoff für *Rum.* Nirgendwo auf der Welt werden Sie einen besseren bekommen als hier! Probieren Sie einen *Mount Gay* aus Barbados, am besten pur, oder lassen Sie sich einen der vielen *Cocktails* zubereiten, die, auf Rumbasis mit Säften und Likör gemischt, immer wieder neue Geschmacksnuancen entwickeln: z. B. *Planters Punch, Daiquiri, Mai Tai* oder *Zombi.* Sie werden schnell Ihren Favoriten finden.

EINKAUFEN

Neben dem Anbau und Export von Zucker war der Handel in den vergangenen Jahrhunderten die wichtigste wirtschaftliche Stütze der Kleinen Antillen. Die Inseln hatten, ebenso wie die nördlicheren Großen Antillen, die Funktion einer Drehscheibe zwischen den europäischen Heimatländern und den Kolonien auf dem amerikanischen Festland. Hier wurden Rohstoffe vom Kontinent und Fertigwaren aus Europa umgeschlagen, und immer verdienten geschäftstüchtige karibische Händler mit. Einigen Inseln wurde in dieser Zeit der Status von Freihäfen eingeräumt, sodass für die gehandelte Ware weder Steuern noch Zölle entrichtet werden mussten. Solche Privilegien gibt man natürlich nicht auf, und so sind heute noch einige Inseln ein wahres Einkaufsparadies für Kreuzfahrer und Touristen. Sint Maarten und die US Virgin Islands locken mit einem Warenangebot, das dem europäischer Metropolen kaum nachsteht. Inzwischen haben sich auch die meisten anderen Inseln auf diese lukrative Einnahmequelle besonnen; fast überall gibt es in der Hauptstadt ein eigenes Einkaufsviertel, in dem man nach Vorlage seines Reisepasses und des Flugtickets zollfrei einkaufen kann: Spirituosen, Parfümerieartikel, japanische Unterhaltungselektronik, Schmuck, Schweizer Uhren und Tabakwaren.

Achten Sie auf die Freigrenzen, die Ihnen der heimatliche Zoll bei der Rückkehr einräumt. Vergewissern Sie sich bei optischen, elektrischen und elektronischen Geräten, dass Sie eine internationale Garantiekarte erhalten und dass das Netzteil auf Ihre heimatliche Stromspannung ausgelegt ist. Oft sind die Geräte nur auf 110 Volt ausgerichtet.

KULINARISCHES

Hübsch verpackte Gewürze aus Grenada sind eine die Sinne anregende Erinnerung. Auch mit Gewürzen veredelter Kaffee oder Kakao oder exotische Konfitürensorten erfreuen den Genießer. Vielleicht nehmen Sie sich eine Flasche Ihres Lieblingsrums mit. Würzige Saucen, Chutneys oder Marinaden werden von kreativen Insulanern selbst hergestellt und sind in allen erdenklichen Geschmacksrichtungen erhältlich. Viele Inseln bieten ihre eigenen, landestypischen Kochbücher an, in denen authentische Rezepte (und Cocktailanleitungen) farbenfroh zusammengestellt sind. Ideal, um im verregneten Mitteleuropa ein Erinnerungsmenü nachzukochen!

Echte karibische Souvenirs sind selten, aber auf den meisten Inseln werden internationale Markenartikel zollfrei angeboten

KUNSTHANDWERK

Auf vielen Inseln der Kleinen Antillen werden Holzschnitzereien in Form von Schmuck, Schalen, Besteck, Bilderrahmen oder Skulpturen handgefertigt. Auch gehäkelte Deckchen oder Rastamützen sind typisch karibische Souvenirs. In manchen *Art Galleries* kann man schöne Inselgemälde kaufen, meist farbenfroh und naiv. Und – wie überall am Meer – gibt es auch hier Schmuckkästchen, Bilderrahmen und Etuis, die mit kleinen Muscheln verziert sind.

MUSIK

● Karibische Rhythmen wie Calypso, Reggaar, Ragga, Soca, Zouk oder Biguine haben die Welt erobert. Die angesagten Reggaesänger kommen meist aus Jamaica. Zu den berühmtesten gehören Buju Banton, Beenie Man und Sanchez. Auch der Calypso aus Trinidad ist auf den Kleinen Antillen von zentraler Bedeutung.

Calypsosänger sind Komödianten, die ihre Songs mit viel Gestik und sprachlicher Komik vortragen. Inhaltlich geht's meist um brisante Themen der Politik, die respektlos und witzig kommentiert werden. Zu den wichtigsten Calypsonians gehören The Mighty Sparrow, Lord Kitchener und King Obstinate. Selbst auf den Kleinen Antillen gibt es reine CD-, bzw. Musikkassetten-Läden mit den neusten Hits der Inseln. Viele Geschenkeläden haben aber auch eine ganz gute kleine Auswahl an anspruchsvoller Reggae- oder Latinomusik.

SOUVENIRS

Als schöne Erinnerung kann auch ein mit Inselmotiven bedrucktes Shirt dienen. Oder Sie bringen sich für die grauen Wintertage daheim eine bunt gewebte Hängematte mit. Auch Seifen, Öle und Parfums mit karibischen Düften wie Frangipani, Kokosnuss, Mango oder Limone werden vielerorts angeboten.

BARBADOS

Mit einem Anflug von Stolz in der Stimme nennen die Bewohner ihre Insel „Little England". Und in der Tat, man spürt, dass hier das Vereinigte Königreich jahrhundertelang das Zepter führte und es noch heute tut. Barbados ist eine konstitutionelle Monarchie mit der englischen Königin an der Spitze.

Deren Vertreter auf der Insel, der Generalgouverneur, ernennt nach britischem Vorbild den Premierminister und die Minister. Auch sonst ist das englische Erbe hier allgegenwärtig. Für die Briten selbst ist Barbados eines der beliebtesten Urlaubsziele in der Karibik. Hier spricht man ihre Sprache, hier pflegt man ihre Sitten – mit *teatime* und *English breakfast* –, hier lebt man noch wie zu seligen Kolonialzeiten.

Barbados gehört zu den wenigen Karibikinseln, deren Wirtschaft intakt ist. Zucker und andere Zuckerrohrprodukte haben nach wie vor einen wichtigen Anteil am Export – der Mount Gay Rum aus Barbados ist einer der besten der Welt. Der Tourismus ist eine weitere wichtige Einnahmequelle. Die Süd- wie die Westküste der Insel sind mit schönen Hotels und Ferienanlagen bebaut. Früh schon wurden restriktive Bauvorschriften erlassen, sodass die Landschaft durch die Bebauung nur wenig beeinträchtigt wurde. Barbados ist nicht vulkanischen Ursprungs, sondern nur eine angehobene flache Platte aus Korallenkalk. Im Südwesten, an der Carlisle Bay, liegt die Hauptstadt Bridgetown, deren Vororte nach Osten und Norden allmählich in

Willkommen in „Little England": Die Bajans, wie die Bewohner von Barbados genannt werden, fühlen und denken britisch

die weitläufigen Zuckerrohrfelder übergehen. Im Ballungsgebiet Bridgetown vermag man sich vorzustellen, dass die Bevölkerungsdichte der Insel nur wenig unterhalb der von Hongkong liegt: Barbados gehört mit 285 000 Einwohnern auf 430 km² zu den dichtest besiedelten Staaten der Welt. Sobald Sie aber in den Norden kommen oder an die wilde, felsige Ostküste, werden die Wege zwischen den kleinen Siedlungen länger, Touristen sieht man kaum noch, und auch Bajans begegnet man seltener.

SEHENSWERTES

ANDROMEDA GARDENS ★
(157 D3) *(⌘ H7)*
Die ehemalige Besitzerin Iris Bannochie schuf in langer, liebevoller Kleinarbeit auf dem abschüssigen Gelände um ihr Haus herum eine kleine Parkanlage, die eine üppige Fülle von tropischen, subtropischen und mediterranen Pflanzen beherbergt. Heute wird die Anlage vom Barbados National Trust geführt, der auch geführte ● INSIDER TIPP ▸ Hiking-Touren

Tropfsteinhöhle mit Lichteffekten: Harrison's Cave bei Welchman Hall

(So kostenlos | Tel. 264 2 28 80 27 | www.hikebarbados.com) organisiert. *Tgl. 9–17 Uhr | Eintritt BDS $ 25 | oberhalb von Tent Bay | St. Joseph | www.barbados.org/androm.htm*

BARBADOS MUSEUM 🔴
(156 B5) (🛍 H7)
Im Komplex der Garrison Historical Area südlich des Stadtzentrums von Bridgetown kann man neben einer Reihe interessanter militärischer Gebäude aus dem 19. Jh. auch das staatliche Museum im ehemaligen Armeegefängnis besuchen. Schön sind die typischen Möbel und Kleidungsstücke aus der Kolonialzeit; sehr anschaulich ist die Ausstellung zur Geschichte des Zuckerrohranbaus auf der Insel. *Mo–Sa 9–17, So 14–18 Uhr | Eintritt BDS $ 13 | Highway 42 | Garrison Savannah | www.barbmuse.org.bb*

BARBADOS WILDLIFE RESERVE
(156 C2) (🛍 H7)
Das schöne, dicht bewaldete Gehege beherbergt jede Menge einheimischer Tierarten, u.a. Affen, Schildkröten, Krokodile, Otter und viele exotische Vögel. *Fairley Hill National Park (s. „Mit Kindern unterwegs", S. 116)*

BATHSHEBA (157 D3) (🛍 H7)
Das kleine Dorf (1000 Ew.) an der Ostküste ist vor allem bei den Einwohnern der Insel als Ausflugsziel beliebt. Die felsige Atlantikküste mit ihrer starken Brandung ist ein **INSIDER TIPP** **exzellentes Surfrevier** für Fortgeschrittene und Profis. Hier werden häufig Meisterschaften ausgetragen. Wenn Sie hier baden wollen, sollten Sie wegen der unberechenbaren Strömungen und der Brandung sehr, sehr vorsichtig sein!

BRIDGETOWN (156 B–C5) (📖 H7)

Sie ist die Hauptstadt der Insel (ohne Vororte ca. 7000 Ew.) und schließt den alten Hafen ein, der eine verbreiterte Mündung des Constitution River ist. Einen Stadtbummel beginnen Sie am besten in der Hafengegend. Das alte Hafenbecken trägt den Namen *The Careenage*. Er ist eine Erinnerung an die Zeiten, als hier die hölzernen Segelschiffe an Land gezogen wurden, um Ausbesserungsarbeiten am Rumpf durchzuführen. Auf Englisch heißt diese Tätigkeit „to careen". Noch heute legen hier gelegentlich kleinere Frachtschiffe an. Motoryachten, die Boote der Hochseefischer und Segelschiffe sieht man fast regelmäßig. Am Südufer der Careenage erstreckt sich die *Waterfront Arcade* mit einigen Geschäften und Restaurants. Nördlich der Chamberlainbrücke, die über den Fluss führt, liegen der *Trafalgar Square* und die Parlamentsgebäude, in deren Nähe auch die Busse abfahren, die sternförmig alle Ziele auf der Insel ansteuern. Im Süden, hinter der O'Neil Brücke, findet samstags der *Fairchild Market* statt, ein karibischer Wochenmarkt, wie er bunter, lauter und turbulenter nicht sein könnte. Nach Westen erstreckt sich am Hafen entlang *The Wharf*, parallel dazu verläuft im Norden die *Broad Street*, die Haupteinkaufsstraße von Bridgetown.

GUNHILL SIGNAL STATION ☼ (156 C4) (📖 H7)

Ein Panoramablick über die Hügel der Insel bis hin nach Bridgetown macht diesen ursprünglich für militärische Zwecke erbauten Aussichtsturm aus dem 18. Jh. zu einer beeindruckenden Sehenswürdigkeit. Eine kleine Sammlung alter Flaggen und historischer Karten von anderen *bajan* Forts ist dem Komplex angeschlossen. *Mo–Sa 9–17 Uhr | Eintritt BDS $ 10 | Gun Hill*

HARRISON'S CAVE (156 C4) (📖 H7)

Da das fließende Wasser und die Tropfsteingebilde mittels farbiger Scheinwerfer effektvoll zur Geltung gebracht werden, kann man nur erahnen, wie die Höhle ursprünglich ausgesehen haben mag. Die englischsprachige Führung weiß jedoch viel Interessantes über die Geschichte der Höhle zu berichten. Trotz der kitschigen Präsentation lohnt sich ein Besuch, wenn Sie mit Kindern Ferien auf Barbados machen – die werden einen Heidenspaß haben! *Tgl., erste Tour 8.45, letzte Tour 15.45 Uhr | Eintritt BDS $ 60 | Welchman Hall | St. Thomas | Tel. 246 4173700 | www.harrisonscave.com*

MOUNT GAY RUM VISITORS CENTRE (156 B2) (📖 H7)

Auf einer 45-min. Tour im Visitors Centre wird die Geschichte des ältesten Rums der Welt erzählt, wenn auch die eigentliche Herstellung im Norden der Insel erfolgte. Ein kleiner Film führt in die Proze-

⭐ **Andromeda Gardens**
Ein tropisches Gartenparadies für Blumen- und Pflanzenliebhaber → S. 33

⭐ **Welchman Hall Gully**
Hier hat der Regenwald etwas von Barbados zurückerobert → S. 36

⭐ **Atlantis**
Ein Fest für Augen und Gaumen: Bajan-Büfett zum Sattsehen und -essen → S. 36

⭐ **Brown Sugar**
Bajan Cuisine mit dem köstlichen „Flying Fish" – at its very best! → S. 37

MARCO POLO HIGHLIGHTS

Probieren erwünscht:
Mount Gay Rum Distillery

dur der Rumbrennerei ein. Zum Schluss kann man das Lagerhaus mit unzähligen Rumfässern besichtigen, ein paar Proben genießen oder eine Flasche des guten Tropfens als Souvenir erwerben. *Mo–Fr 9–16 Uhr | Eintritt US $ 10 | Spring Garden Highway | Brandons/St. Michael | Tel. 246 4 25 87 57 | www.mountgayrum.com*

RAGGED POINT (157 E–F4) *(₪ H7)*
Im äußersten Osten der Insel treffen Atlantik und Karibisches Meer dramatisch zusammen. Wellen brechen schäumend über den Kalksteinklippen. Nur ein verlassener Leuchtturm auf dem Gipfel des Küstenfelsens trotzt den Gezeiten. *Highway 5, Richtung Boscobelle | St. Philip*

ST. NICOLAS ABBEY (156 C2) *(₪ H7)*
Keine Kirche, wie der Name vermuten ließe, sondern ein Plantagenhaus von

1650, dessen Parterregeschoss für Besucher zu besichtigen ist. Das Holz- und Steingebäude birgt einige Zimmer mit antiker Einrichtung sowie Portraits und Porzellan von Adelsfamilien aus dem 18. Jh. *So–Fr 10–15.30 Uhr | Eintritt BDS $ 24 | Cherry Tree Hill | St. Peter | www.stnicholasabbey.com*

SUNBURY PLANTATION HOUSE & MUSEUM (156 C2) *(₪ H7)*
Nachdem das Anwesen 1995 einem Großfeuer zum Opfer fiel, wurde es liebevoll wieder aufgebaut. Mit kolonialen Antiquitäten und alten Bildern gibt es Einblick in die Zuckerrohrdynastie des 18. Jhs. Eine Sammlung alter Pferdekutschen rundet das historische Szenario ab. Täglich wird im Hof des Hauses ein Mittagsbüfett *(US $ 30)* aufgebaut, abends gibt es an zwei Tagen in der Woche ein 5-gängiges Candlelight Dinner *(US $ 75)*. *Tgl. 9–17 Uhr | Eintritt US $ 10 | Six Cross Roads | St. Philip | Tel. 246 4 23 62 70 | www.barbadosgreathouse.com*

WELCHMAN HALL GULLY ⭐
(156 C4) *(₪ H7)*
Wenn Sie einen Eindruck von der Fülle subtropischer karibischer Flora bekommen möchten, dann sollten Sie Welchman's Hall Gully nicht auslassen: ein Tal, das sich im Norden der Insel 2 km durch Kalksteinfelsen zieht und zum Naturschutzgebiet erklärt wurde. Wenn es im Gebüsch raschelt, sind es höchstwahrscheinlich die hier heimischen Meerkatzen. *Tgl. 9–17 Uhr | Eintritt BDS $ 24 | vom Highway 2 aus zu erreichen | St. Thomas | www.welchmanhallgullybarbados.com*

ESSEN & TRINKEN

ATLANTIS ⭐ (157 D3) *(₪ H7)*
Spezialitäten wie *Saltfish stew* mit Okra und *Yam-pie* oder Breadfruit-Püree, *Flying*

Fish, Pepperpot, Spinatbällchen, *Apple-pie.* Mi und So Büfett. *Di geschl. | Bathsheba | St. Joseph | Tel. 246 4 33 94 45 | €*

BROWN SUGAR ⭐ 🔵 (156 C5) (*ℳ H7*)

In einem Dschungel aus exotischen Pflanzen wird auf den überdachten Terrassen unter leise sirrenden Ventilatoren beste Bajan-Küche serviert. Kulinarischer Tipp: *Flying Fish. Sa nur abends | Aquatic Gap | St. Michael | Tel. 246 4 26 76 84 | €€*

INSIDER TIPP ▸ CAFÉ LUNA 🌿
(156–157 C–D6) (*ℳ H7*)

Das Rooftop-Restaurant des *Little Arches Hotel* bietet eine raffinierte Mischung aus karibischer, asiatischer und mediterraner Küche und einen Traumblick aufs Meer. *Enterprise Beach Road | Oistins | Christ Church | Tel. 246 4 20 46 89 | €€–€€€*

THE CLIFF 🌿 (156 B2) (*ℳ H7*)

Open-Air-Restaurant auf einem Korallenriff mit dramatischem Blick aufs Meer. Sehr gut: gegrillter Snapper mit Koriandersauce und Curryshrimps. *So geschl., nur Dinner | Derricks | St. James | Tel. 246 4 32 19 22 | €€–€€€*

THE FISH POT 🌿 (156 B2) (*ℳ H7*)

Das familiengeführte Hotel liegt in einem kleinen Fischerort an der Nordküste. Abends sitzt man romantisch auf der zum Meer hin offenen Terrasse. Zu den Spezialitäten des Restaurants gehören Krebstempura mit Algensalat oder gegrillter Lobster mit Basilikum-Kapern-Butter. *Tgl. | Little Good Harbour Shermans | St. Peter | Tel. 246 4 39 30 00 | €€–€€€*

NANIKI RESTAURANT 🌿
(156 B2) (*ℳ H7*)

Der bunte Mix aus Holz, Steinfliesen, Strohmatten und farbigen Tischtüchern gibt dem Restaurant ein eigenes Flair. Beim Genuss von Grillhähnchen mit Mangosauce oder gegrilltem Snapper mit Wermutsauce lässt sich der schöne Blick auf die umliegenden Hügel erst recht genießen. *Nur mittags, Mo geschl. | Suriname | St. Joseph | Tel. 246 4 33 13 00 | €€*

WATERFRONT CAFÉ (156 B5) (*ℳ H7*)

Am Yachthafen von Bridgetown werden eine vielfältige internationale Küche und Livemusik geboten. *So geschl. | The Careenage | Tel. 264 4 27 00 93 | €–€€*

EINKAUFEN

BROAD STREET (156 B5) (*ℳ H7*)

An der Haupteinkaufsstraße von Bridgetown liegen Einkaufspassagen mit Geschäften, die zollfreie Waren verkaufen.

St. Nicolas Abbey ist von einem üppig blühenden Garten umgeben

EARTHWORKS POTTERY
(156 C4) *(🗺 H7)*

Farbenfrohe Keramik (Teller, Vasen etc.) und man kann den Töpfern bei der Arbeit zusehen. *2 Edgehill Heights | St. Thomas*

HARBOUR LIGHTS (156 B–C5) *(🗺 H7)*

Fast jede Nacht Party mit Livemusik. Gratistransport zum Hotel, wenn es mal des guten Rums zu viel war. *Bay Street | Marine Villa | St. Michael | Tel. 246 4 36 72 25*

STRÄNDE

An der Westküste nördlich von Bridgetown tummeln sich die älteren und betuchteren Gäste, während die Südküste bevorzugt von jüngeren, sportbegeis-

OISTINS FISH FRY ●
(156–157 C–D6) *(🗺 H7)*

Freitags- und samstags findet hier *das soziale Event der Bajans* statt: *Oistins Fish Fry.* 18–22.30 Uhr gibt es gegrillten Fisch, Porkchops und Rum! Soca, Reggae

Dekoratives Türmchen: Baywatch am Strand von Rockley südlich von Bridgetown

terten Urlaubern und Einheimischen besucht wird. Vorsicht an den Stränden der Ostküste: Hier gibt es häufig eine starke Brandung und gefährliche Strömungen.

und Pop begleiten das lebendige Treiben. Die Straßen von Oistins sind dann völlig verstopft. Kaufen Sie sich ein Bier und schlendern Sie herum, bevor Sie sich für einen Fischstand entscheiden.

AM ABEND

BAXTERS ROAD (156 B–C5) *(🗺 H7)*

Der Besuch eines *bajan rumshops* lohnt, weil dort die Einheimischen hingehen. Sie finden einige in der Baxters Road in Bridgetown.

ÜBERNACHTEN

BOUGAINVILLEA BEACH RESORT 🌿
(156 C6) *(🗺 H7)*

Die Anlage liegt direkt am Maxwell Beach inmitten eines tropischen Gartens mit Blick aufs Meer. Die Zimmer und Studios sind luxuriös eingerichtet, es gibt ein ⬤ gutes Fitnesscenter und einen Swimmingpool mit Bar. Freundlicher Service. *138 Zi. | Maxwell Coast Road | Tel. 246 418 09 90 | www. bougainvillearesort.com | €€–€€€*

CORAL REEF CLUB 🌿 (156 B4) *(∭ H7)*

Die Cottages liegen in einem großen tropischen Garten rund um das Hauptgebäude herum. Jeder Gast hat seine eigene Veranda mit bezauberndem Blick aufs Meer. Das Hotel kultiviert klassische karibische Eleganz. ⬤ Dienstags und donnerstags kann man im exquisiten Spa Yogaklassen belegen. *88 Zi. | St. James | Tel. 246 4 22 23 72 | www.coral reefbar bados | €€€*

CRYSTAL COVE 🌿 (156 B4) *(∭ H7)*

Auf einem Hügel in einem tropischen Palmengarten liegt dieses Hotel. Von den Balkonen aus hat man einen schönen Blick aufs Meer. Im Pool gibt es einen Wasserfall, durch den man zur Bar gelangt. Am Strand alle Wassersportarten. *88 Zi. | St. James | Tel. 246 4 32 26 83 | www.crystalcovehotelbarbados.com | €€€*

MAXWELL BEACH APARTMENTS 🌿
(156 C6) *(∭ H7)*

Gut ausgestattete und geräumige Wohneinheiten mit zwei oder drei Schlafzimmern. Direkt am Strand, wenige Kilometer von Oistins. *3 Ap. | Highway 7 | Maxwell | Tel. 246 4 20 53 87 | www. homeaway.co.uk | €*

THE NOOK APARTMENTS
(156 C6) *(∭ H7)*

Die Studios liegen nur ca. 2 Minuten zu Fuß von Rockley Beach entfernt. Großer Swimmingpool, gepflegter Garten. *7 Ap. | Dayrells Road | Rockley | Tel.*

246 4 27 65 02 | www.thenookinbarbados. com | €€

INSIDER TIPP ▶ SEA U 🌿 ⬤
(157 D3) *(∭ H7)*

Das deutsch geführte Haus im Kolonialstil steht hoch auf einer Klippe der rauen Ostküste der Insel. Von den Zimmer blickt man über die Veranda hinweg auf den rauschenden Atlantik, im Garten schwingen Hängematten zwischen Kokospalmen im Wind. Ausgezeichnet mit der *Green Globe Certification. 9 Zi. | Tent Bay | Bathsheba | St. Joseph | Tel. 246 4 33 94 50 | www.seaubarbados.com | €€*

AUSKUNFT

BARBADOS BOARD OF TOURISM
P. O. Box 242 | Harbour Road | Hastings | Bridgetown | Tel. 246 4 27 26 23 | www. visitbarbados.org

LOW BUDGET

Hohe Hotelkosten kann man sich sparen, wenn man familienbetriebene Bed-&-Breakfast-Angebote ausprobiert. Die *Barbados Tourism Authority* liefert Adressen in verschiedenen Preislagen. Ronald *Stoute & Sons (www.ronstoute.com)* vermieten Villen mit unterschiedlichem Komfort, geeignet besonders für Familien oder kleine Gruppen.

Die beste und preiswerteste Adresse, um Duty-free-Güter zu erstehen, ist *Cave Shepard* in der Broad Street in Bridgetown. Tabakwaren, Parfüm und Alkohol sind gegen Vorlage von Pass und Flugticket hier sehr preiswert zu haben.

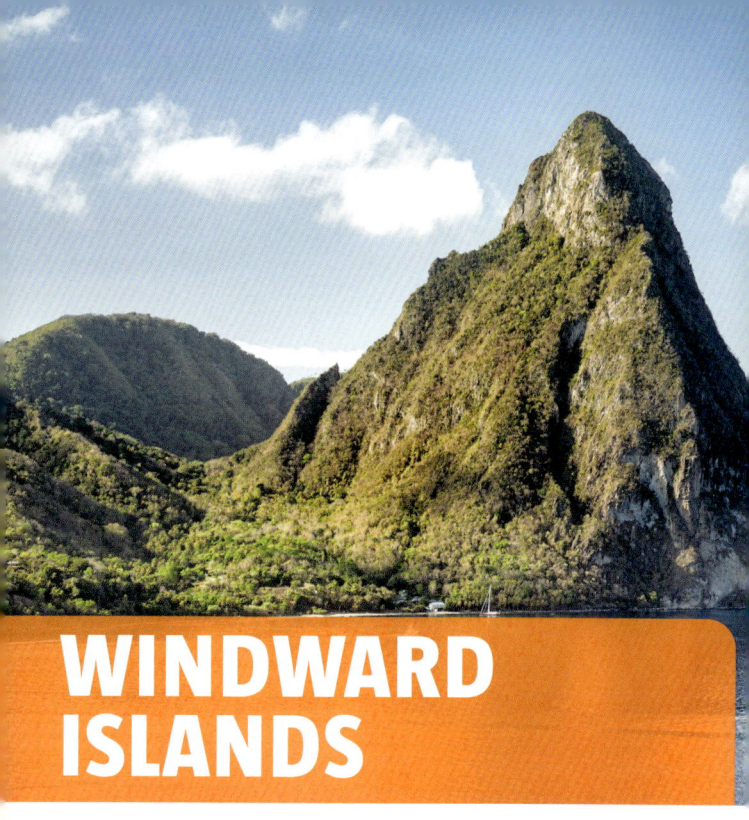

WINDWARD ISLANDS

Bei den geografischen Bezeichnungen für die Inselgruppen der Kleinen Antillen herrscht ein herrliches Durcheinander. Eigentlich bezeichnen die Namen Windward und Leeward Islands die Lage der Inseln im Verhältnis zu den Passatwinden.

Folgerichtig nannten die Spanier, Franzosen und Holländer die vor der Küste Südamerikas liegenden Inseln die „Inseln unter dem Winde" *(leeward)* und den Bogen, der sich von Süd nach Nord bis zu den Großen Antillen spannt, die „Inseln über dem Winde" *(windward)*. Aus unerklärlichen Gründen entschlossen sich die Briten jedoch, ihre Besitztümer von Trinidad bis St. Lucia als Windward Islands zu bezeichnen und die nördlich liegenden, bis hinauf zu den Virgin Islands, als

Leeward Islands. Heute werden zu den Windward Islands alle nördlich von Grenada und südlich von Dominica (beide inklusive) liegenden Inseln gezählt. Diese Region der „schlafenden Vulkane" besitzt eine vielfältige Flora und Fauna. Die meisten Inseln haben große Naturparks mit Wander- und Trekkingpfaden. Der Schwefelgeruch ist beim Aufstieg durch den Regenwald nahezu allgegenwärtig.

DOMINICA

(150) (𝔐 *F4–5*) **Dominica ist zwar die größte englischsprachige Insel der Kleinen Antillen, aber mit 73 000 Einwohnern nicht so dicht besiedelt wie andere Antilleninseln. Die Natur ist weder von**

Bild: Gros und Petit Piton bei Soufrière auf St. Lucia

Grünes Gold und Regenwälder: Die kleinen Inseln von Grenada bis St. Lucia bieten Ruhe und eine abwechslungsreiche Natur

Industrie noch vom Tourismus oder der Landwirtschaft zerstört worden und somit noch weitgehend intakt.

Dominica war das erste Land, das Kolumbus auf seiner zweiten Reise in die Neue Welt sichtete. Bevor er nach Norden weitersegelte, gab er der Insel den Namen, den sie auch heute noch trägt: Dominica, nach dem Tag des Herrn, an dem er sie gesichtet hatte. Erst 200 Jahre nach Kolumbus ließen sich die ersten Franzosen auf Dominica nieder. Deren Herrschaft über die Insel ging zwar im 18. Jh. zu

Ende, bildete aber noch lange ein starkes Element unter britischer Oberhoheit. Großbritannien entließ Dominica von 1925 an schrittweise in die Unabhängigkeit, bis 1978 das autonome Commonwealth of Dominica entstand.

Das Landesinnere ist gebirgig, seine Höhenzüge weisen teilweise noch heute vulkanische Aktivität auf, ohne die die Insel nicht entstanden wäre. An den schmalen Küstenstreifen im Westen der Insel und in den flachen Tälern des Inneren breiten sich neben den Siedlungen Bananen-,

Kokos- und Zitrusfruchtplantagen aus. An den Hängen der Ostseite finden sich ausgedehnte Regenwälder, die durch die feuchten Atlantikwinde – die schweren Wolken regnen sich hier ab – entstanden sind. Der Regenwald auf Dominica

kleineren Eidechsenarten lebt auf Dominica der größere Leguan, der seine Verwandtschaft mit den Dinosauriern schon wegen seines Aussehens nicht leugnen kann. Besonders häufig kommt er an der Westküste vor.

Schwefeldämpfe durchziehen das Valley of Desolation auf Dominica

ist ein sogenannter Stufenwald, in dem sich unter den Schirmen der Urwaldriesen eine Vielzahl anderer Pflanzen, z. B. Farne, Palmen, Orchideen, Bromelien und Schlingpflanzen, ausgebreitet hat. In diesen Wäldern sind zahlreiche Vogelarten beheimatet, zu denen der *Sisserou* gehört, eine seltene Papageienart, die zum Nationalvogel der Insel erklärt wurde. Der im deutschsprachigen Raum auch als Kaiseramazone bekannte Vogel ist leider vom Aussterben bedroht. In den Wäldern tummeln sich zudem unzählige Insektenarten, Schmetterlinge und Käfer, die besonders durch ihre prächtigen Farben auffallen. Giftschlangen gibt es auf Dominica nicht, dafür aber die Riesenschlange Boa constrictor, die über 4 m lang werden kann. Neben

SEHENSWERTES

BOILING LAKE ★ (105 C5) (*F5*)
Eine der großen Attraktionen Dominicas macht es dem Besucher nicht leicht: Der mühselige Aufstieg durch das Valley of Desolation zum blubbernden Boiling Lake ist nur Wanderern zu empfehlen, die sich körperlich fit fühlen (s. „Erlebnistouren", S. 104).

CARIB TERRITORY ★ (150 C3) (*F5*)
Das Carib Territory südlich des Flughafens Melville Hall an der Ostküste ist das größte geschlossene Siedlungsgebiet der Nachkommen der Urbevölkerung der Kleinen Antillen. Die Bewohner der verstreuten Siedlungen lassen in den Gesichtszügen ihre Abstammung erkennen,

doch sind die wenigsten rein indianischer Abstammung. Die Behausungen und ihr Lebensstil sind fast wie überall auf der Insel: Antennen auf den Dächern und Pick-Ups vor den Häusern. Mit Glück kann man dabei sein, wenn der Stamm eines Gummibaums in ein Kanu verwandelt wird. Spuren der indianischen Lebensweise und ihrer handwerklichen Techniken sind nur noch in kleinen Geschäften zu finden, die am Straßenrand Korbwaren in traditionellen Mustern verkaufen.

EMERALD POOL (150 C4) (*ω F5*)
Ein hübscher kleiner Wasserfall stürzt in eine von Wald umgebene Felsgrotte und lädt zu einem kühlenden Bad ein. Unbedingt meiden, wenn Kreuzfahrtschiffe im Hafen liegen. *Eintritt US$ 5 | 15 Min. Weg von der Pont Casse-Castle Bruce Road*

FRESHWATER LAKE (150 B–C5) (*ω F5*)
Leider hat der See von seiner einstigen Schönheit eingebüßt, seit er aufgestaut wurde und für Energieerzeugung und Frischwassergewinnung genutzt wird.

Interessant ist die Wanderung dennoch. Man kommt auf der Höhe des Freshwater Lakes in Regionen, in denen der Regenwald erst dem Nebelwald und dann einer tropischen Bergvegetation weicht, mit windgepeitschtem Buschwerk, Moosen und Farnen. *Etwa 3 km nordöstl. vom Dorf Laudat, am Fuß des Morne Macaque*

INDIAN RIVER (150 A2) (*ω F4*)
Von der Brücke südlich von Portsmouth aus kann man eine Bootsfahrt durch den Indian River vereinbaren. Ruhige 40 Minuten lang geht's durch verwunschene Mangrovensümpfe und Kanäle. Schlingpflanzen und Bromelien hängen von den Ästen der Bäume herunter. An Kreuzfahrttagen sollten Sie den Fluss meiden. Verhandeln Sie mit Ihrem Bootsführer über den Preis *(ca. EC$ 40)*.

ROSEAU (150 B5) (*ω F5*)
▓▓ KARTE IM HINTEREN UMSCHLAG Die kleine Stadt (16 500 Ew.) vermittelt einem das Gefühl, in die Kolonialzeit zurückversetzt worden zu sein. Keine

MARCO POLO HIGHLIGHTS

⭐ **Boiling Lake**
Dominica: heißer Kratersee → S. 42

⭐ **Carib Territory**
Besuch bei den Ureinwohnern → S. 42

⭐ **Concord Falls**
Grenada: Wasserfall mitten im Dschungel → S. 46

⭐ **St. George's**
Grenada: schönste Hauptstadt der Karibischen Inseln → S. 47

⭐ **Pitons**
Die beiden Bergkegel auf St. Lucia sind eines der Wahrzeichen der Kleinen Antillen → S. 51

⭐ **Dasheene Restaurant**
Für Feinschmecker: Kreolische Köstlichkeiten auf St. Lucia → S. 52

⭐ **Anse Chastanet**
Romantisches Hotel auf St. Lucia: toller Strand, toller Blick, tolle Küche → S. 53

⭐ **Segelrevier St. Vincent**
Die Gewässer rund um St. Vincent und die Grenadinen gelten als das schönste Segelrevier der Karibik → S. 53

⭐ **Botanic Gardens**
St. Vincent: ältester botanischer Garten der Neuen Welt → S. 53

⭐ **Tobago Cays**
Inselchen vor St. Vincent – zum Verlieben! → S. 55

Wasserfälle im Grünen: Trafalgar Falls

Obst und Gemüse zu verkaufen. Ein Spaziergang durch die Altstadt ist ein geruhsames Unternehmen. Samstagmorgen ist Wochenmarkt an der Mündung des Roseau River im Nordwesten der Stadt. Das Geburtshaus der Schriftstellerin Jean Rhys in der Cork Street war lange eine kleine Pension, die heute geschlossen ist. Schlendern Sie durch den ● *Botanischen Garten (tgl. 8–16 Uhr)* im Südosten der Stadt. Er wurde vor über hundert Jahren angelegt und ist mit seinen mächtigen alten Bäumen ein hervorragender Ort, um sich im Schatten auszuruhen.

SULPHUR SPRINGS (150 B6) (* his* F5)

Die Schwefelquellen können Sie mit dem Auto bequem erreichen, nur die letzten paar Meter geht man besser zu Fuß. Die Quellen entspringen auf einer wenige Quadratmeter großen Fläche. Hier und da blubbert es: Wasser und Gas entweichen aus der Tiefe. Der strenge Geruch von Schwefel kündigt sich schon aus einiger Entfernung an. *Auf halbem Weg zwischen Roseau und Laudat*

TRAFALGAR FALLS (150 B5) (*his* F5)

Die beiden 60 m tief stürzenden Wasserfälle sind ein imponierender Anblick, besonders, weil man sie von einer Besucherplattform aus gleichzeitig sehen kann. Der kurze Aufstieg ist landschaftlich nicht so reizvoll, denn er führt am Gelände eines Wasserkraftwerks vorbei. *Aufstieg vom Papillote Wilderness Retreat*

ESSEN & TRINKEN

CORNER HOUSE (150 B5) (*his* F5)

Beim alten Marktplatz in einem historischen Holz-/Steinhaus gibt es Salate und Sandwiches, freundliche Bedienung; auch Internetcafé mit weichen Sesseln und Lesestoff. *So geschl. | King George V St. | Roseau | Tel. 767 4 49 90 00 | €*

Hotelkästen, wenige Neubauten, keine Duty-free-Shops, keine Touristenmassen (wenn nicht gerade ein Kreuzfahrtschiff angelegt hat). Roseau ist das Verwaltungs- und Handelszentrum der Insel. Farmer und Geschäftsleute kommen, um Behördengänge zu erledigen und

OLD STONE BAR AND GRILL
(150 B5) (*ᗩ F5*)

Alte Steinmauern und viele Grünpflanzen geben dem kleinen Restaurant mit dem freundlichen Service ein schönes Ambiente. Sehr überzeugend: die Shrimps mit Ananas-Salsa! *15 Castle St. | Roseau | Tel. 767 4 40 75 49 | €€*

WATERFRONT RESTAURANT
(150 B5) (*ᗩ F5*)

Traditionelle kreolische Spezialitäten, aber auch Scampispießchen mit Thaisauce oder knusprige Ente. Auch die vegetarische Auswahl lässt sich sehen. Unbedingt reservieren! *Fort Young Hotel | Victoria St. | Roseau | Tel. 767 448 5000 | €€*

STRÄNDE

Wenn Sie die silbergrauen Strände, wie man sie z. B. in der Gegend um *Picard* (150 A2) (*ᗩ F4*) an der Westküste südlich der Prince Rupert Bay findet, nicht zum Baden animieren, dann sollten Sie es mit einem der Flüsse versuchen, an denen sich immer Stellen finden, die tief genug zum Schwimmen sind.

ÜBERNACHTEN

PAPILLOTE WILDERNESS RETREAT
(150 C5) (*ᗩ F5*)

Das Papillote INSIDER TIPP bezaubert vor allem durch seine Gärten: tropische Pflanzen, betörende Düfte, berauschende Farben, exotische Früchte und Kräutergärten. *7 Zi. | Trafalgar Falls Road | Trafalgar | Tel. 767 4 48 22 87 | www. papillote.dm | €€*

ZANDOLI INN ☆ ◉ (150 C6) (*ᗩ F5*)

Das Kleinod thront auf einem Kliff, 25 m hoch über dem Atlantik. Umgeben von tropischen Gärten und dicht bewachsenen Hügeln kann man es sich hier an dem herrlichen, von Orchideen gerahmten ● Pool gutgehen lassen. Zu dem erhabenen Blick aufs Meer schmeckt der frische Fisch, gegrilltes Biohähnchen und das selbst angebaute Gemüse besonders gut. *5 Zi. | Roche Cassée | Stowe | Tel. 767 4 46 31 61 | www.zandoli.com | €€*

AUSKUNFT

DOMINICA TOURIST OFFICE
Financial Centre | Kennedy Ave. | Roseau | Tel. 767 4 48 20 45 | www.discoverdominica.com

GRENADA

(158–159 A–D) (*ᗩ E–F8*) **Die Insel (100 000 Ew.) ist wegen ihrer abwechslungsreichen Landschaft und Vegetati-**

on ein karibisches Idyll der besonderen Art. Ihr Vulkan, **Mount Qua Qua**, ist für viele ihrer natürlichen Attraktionen verantwortlich: **Regenwald, Kratersee und Wasserfälle** sind Teil des großen Nationalparks.

Die Küste der 311 km² großen Insel wird von Sandstränden, Mangrovenhainen und Steilhängen gesäumt – hier und da unterbrochen von den bunten Holzhäuschen eines verschlafenen Fischerdorfs. Kaffeeplantagen, Mangowälder und Bambushaine ziehen sich die niedrigen Hügel hinauf. Die ganze Insel duftet exotisch, denn Grenada ist die „Isle of Spice", die Insel der Gewürze, die hier neben Zuckerrohr, Kakao und Bananen angebaut werden: Muskat, Gewürznelken, Lorbeer, Ingwer, Zimt, Piment und Kurkuma werden von hier in die ganze Welt exportiert. Grenada beherrschte 1983 für kurze Zeit die Schlagzeilen, als eine Invasionstruppe der USA die Insel besetzte und die angeblich kommunistische Regierung stürzte. Begründet wurde dies zum einen mit der Behauptung, US-amerikanische Studenten auf der Insel seien bedroht, und zum anderen mit dem Bau eines Großflughafens mithilfe Kubas. Dies sahen die USA als Versuch Castros an, sich auf den Kleinen Antillen einen Luftwaffenstützpunkt zu schaffen. Nach der „Hilfsmission" wurde eine provisorische Regierung eingesetzt, die bald demokratische Wahlen durchführte. Heute hat sich Grenada von den Wirrnissen erholt. Der Tourismus, der seinerzeit stark zurückgegangen war, hat wieder zugenommen, gefördert durch den internationalen Flughafen südlich der Hauptstadt St. George's.

SEHENSWERTES

CONCORD FALLS ★ (158 B4) (*ⓜ E8*)

Die drei Wasserfälle in der Nähe des Dorfes Concord sind einen Besuch wert. Der Weg führt etwa 45 Minuten durch Muskatnussbaumwälder sanft nach oben. Er kreuzt ständig einen kleinen Bach, der den unteren Fall speist. Der Aufstieg selbst ist nicht sehr schwierig, nur die letzten Meter müssen Sie im Bachbett über große Felsbrocken hinaufgehen. Mitten im Regenwald stürzt der Wasserfall über eine Felskante 10 m in die Tiefe und wird in einem kleinen Bassin gestaut. *Auf der Küstenstraße von St. George's aus bis zum Dorf Concord; die Wasserfälle sind von dort ab ausgeschildert | Eintritt US $ 1*

GRAND ETANG (158 B4) (*ⓜ E8*)

Im Zentralmassiv der Insel liegt der Kratersee Grand Etang auf ca. 530 m Höhe mitten im Regenwald. Der See ist heute Mittelpunkt des Nationalparks. Im Ausstellungszentrum oberhalb des Sees kann man sich über die Flora und Fauna informieren, bevor man den See umwandert. *Von St. George's aus auf der Hauptstraße Richtung Grenville, etwa auf der Mitte der Strecke, der See ist ausgeschildert | Besucherzentrum So–Fr 8–16 Uhr | Eintritt US $ 2*

GRENADA NATIONAL MUSEUM (158 B5) (*ⓜ E8*)

In dem Gebäude, das im Lauf der Zeit schon als Kaserne, Gefängnis, Hotel und Lagerhaus diente, kann man heute u. a. die großen Kupferkessel bewundern, in denen der Zuckerrohrsaft eingekocht wurde. *Mo–Fr 9–16.30, Sa 10.30–13 Uhr | Eintritt US $ 5 | St. George's | Young/Monckton St*

NUTMEG PROCESSING STATION (158 B3) (*ⓜ E8*)

Hier kann man alles über die Muskatnuss, das Exportgut Nr. 1 der Insel, und ihre Blüte *Mace* erfahren. Auf geführten Touren geht es zu den einzelnen Stationen der Verarbeitung. In drei Stockwerken werden die Nüsse getrennt, getrocknet, bearbeitet und verpackt, bis sie schließlich weltweit verschifft werden. *Mo–Fr 10–13 und 14–16 Uhr | Eintritt US $ 1 | Main Road /Gouyave/St. John*

ST. GEORGE'S ⭐ (158 A–B5) (*m E8*)
KARTE IM HINTEREN UMSCHLAG
Grenadas Hauptstadt – so wird behauptet – sei die schönste Stadt aller Karibischen Inseln. Und das stimmt tatsächlich! Um eine Landzunge und

Auf der einen Seite die Hafenbucht, auf der anderen das offene Meer: St. George's

RIVER ANTOINE RUM DISTILLERY 🌿
(158 C2) (*m F8*)
Seit 1785 hat sich an der Herstellungsmethode (Bioqualität!) des hochprozentigen Grenada-Rums so gut wie nichts geändert. Noch heute treibt der Fluss Antoine das Wasserrad für die Zuckerrohrpresse an. Als Kostprobe zum Schluss sollte man lieber den verdünnten Rumpunsch versuchen – das 75-prozentige Original ist nur etwas für ganz Hartgesottene und so leicht entzündlich, dass man es z.B. im Flugzeug gar nicht mitführen darf. *Tgl. 9–16 Uhr | Eintritt US $ 2 | River Antoine Estate | St. Patrick's*

die natürliche, 🔵 *Carenage* genannte Hafenbucht herum gelegen, ziehen sich die Häuser der Stadt (ca. 8000 Ew.) im Halbkreis die Hügel hinauf. Unten im Hafen sieht man häufig die weißen Kreuzfahrtschiffe liegen. Doch lebhaft geht es in St. George's immer zu. An der Wharf Road werden die kleinen Frachtschiffe be- und entladen, die zwischen den Inseln verkehren. Jenseits des Hügels liegt an der Granby Street der **INSIDER TIPP** Marktplatz, auf dem man sich vor allem samstags mit exotischen Gewürzen und Früchten eindecken kann. Und an der dem offenen Meer zuge-

Der lebhafte Markt in St. George's ist Handelsplatz und Treffpunkt zugleich

wandten *Esplanade* herrschen Geschäftigkeit und Trubel.

ESSEN & TRINKEN

INSIDER TIPP ▶ AQUARIUM
(158 A6) (*E8*)
Lobster, Steaks, Sandwiches. Büfetts und Grill-Specials; jeden 1. Sa im Monat gibt's Livemusik. *Mo geschl. | Point Salines Beach | Tel. 473 4 44 14 10 | €–€€*

LA BELLE CRÉOLE ☼ (158 A5) (*E8*)
Schöner Blick über die Grand Anse Bay. Die gute Küche mit kreolischem Einschlag ist über jeden Zweifel erhaben. *Tgl. | Blue Horizons | Morne Rouge | St. George's | Tel. 473 4 44 43 16 | €€€*

DODGY DOCK RESTAURANT & LOUNGE BAR (158 A6) (*E8*)
Am Wasser mit Blick auf die Bay; karibisch-mexikanische Spezialitäten wie Lobster mit Ingwer Kokos Soße oder *fajitas. Tgl. | South Coast Bay | Tel. 473 4 43 87 83 | €€€*

PATRICK'S LOCAL HOMESTYLE COOKING (158 B5) (*E8*)
Hier gibt's Hausmannskost auf Karibisch: Meeresfrüchte, Calalou (Gemüsesuppe), Saltfish und Süßkartoffeln. *Tgl. | True Blue Bay | Lagoon Road | St. George's | Tel. 473 4 40 03 64 | €*

EINKAUFEN

INSIDER TIPP ▶ MARKT IN ST. GEORGE'S
(158 B5) (*E8*)
Der Markt ist an sechs Tagen der Woche Ein- und Verkaufsplatz sowie Treffpunkt für die Bewohner der Hauptstadt und des Umlands. Zu Zeiten der Franzosen wurden hier Hinrichtungen ausgeführt. Heute dient er als Versammlungs- oder Festplatz. *Granby Street*

STRÄNDE

Gute Badestrände finden Sie eigentlich überall. An der Ostküste sollten Sie sich zuvor über die Strömungsverhältnisse informieren. Am populärsten ist *Grand Anse* (158 A5) *(⊞ E8)* südlich von St. George's.

AM ABEND

FANTAZIA 2001 (158 A5) *(⊞ E8)*

Am Wochenende ist der Teufel los! Reggae, Calypso, Funk, Rap. Häufig Livebands. *Fr/Sa ab 23 Uhr | Eintritt EC$ 20 | Gem Holiday Beach Resort | Morne Rouge Bay | Tel. 473 4 44 22 88*

ÜBERNACHTEN

BEL AIR PLANTATION (158 C5) *(⊞ F8)*

11 Villen und Cottages ziehen sich vom begrünten Hügel bis ans Meer: kolonialer Charme mit Komfort. *St. David's Point | Tel. 473 4 44 63 05 | www.belair plantation.com | €€€*

BLUE HORIZONS GARDEN RESORT (158 A5) *(⊞ E8)*

Villen (mit Kochnische und Veranda) in Palmengarten am Strand. Pool, Res-taurant mit westindischer Küche. ● Kinder unter 12 Jahren sind hier kostenlose Gäste. *32 Suiten | Grand Anse |*

St. George's | Tel. 473 4 44 43 16 | www. grenadabluehorizons.com | €€–€€€

INSIDER TIPP CABIER OCEAN LODGE (158 C4) *(⊞ F8)*

Abgeschieden und ruhig liegt die kleine Pension am Meer. Alle Zimmer haben Blick auf die Bucht oder den Palmenstrand. Landeinwärts erheben sich sanfte Hügel, die in einen tropischen Regenwald übergehen. Wirt Bruno legt Wert auf kreolische Gaumenfreuden! *14 Zi. | Crochu | St. Andrews | Tel. 473 4 44 60 13 | www.cabier-vision.com | €€*

GRAND VIEW INN ✲ (158 A5) *(⊞ E8)*

Mittelgroßes, familienbetriebenes Hotel mit einem Superblick auf St. George's, die Grand Anse und den Morne Rouge. *76 Zi. | Grand Anse Beach | Tel. 473 4 44 49 84 | www.grenadagrand view.com | €–€€*

MACA BANA ✲ (158 A5) *(⊞ E8)*

Die sieben Villen *(banas)* liegen auf dem tropisch bepflanzten Hügel über Magazine Beach verteilt. Alle haben einen tollen Blick aufs Meer bis nach St. George's und die nebelverhangenen Berge im Hintergrund. INSIDER TIPP Die Strandbucht ist ein Kleinod! *Magazine Beach | Point Salines | St. George's | Tel. 473 4 39 53 55 | www.macabana.com | €€€*

MINI-MOKES

Zu den auffälligsten Fortbewegungsmitteln auf den englischen Kleinen Antillen gehören diese kleinen Flitzer: jeepähnliche Viersitzer auf Austin-Mini-Basis, die den geländegängigen Eindruck, den sie erwecken, bei weitem nicht halten.

Mit offenem Verdeck bieten sie aber auf halbwegs befahrbaren Straßen ein echtes Fahrvergnügen. Außerdem wissen die Einheimischen immer, dass die Fahrer Touristen sind und können sich so rechtzeitig in Sicherheit bringen.

GRENADA BOARD OF TOURISM
Burn's Point | St. George's | Tel. 473 4 40 22 79 | www.grenadagrenadines.org

INSEL IN DER UMGEBUNG

CARRIACOU (159 E–F2) (*₥ F8*)
Sie ist mit einer Fläche von 34 km² die größte Insel der Grenadinenkette, die sich zwischen Grenada und St. Vincent

alzeit lohnt ein Besuch in Windward, wo die Nachfahren schottischer Bootsbauer noch heute ihrem traditionellen Handwerk nachgehen; Namen wie MacFarlane und MacDonald zeugen von ihrer transatlantischen Abstammung. Sie haben großes Glück, wenn Sie anlässlich einer Bootstaufe oder einer Hochzeit ein sogenanntes **INSIDER TIPP** *Big Drum* miterleben können. Diese traditionelle Zeremonie mit virtuoser Trommelmusik und wilden Tänzen beweist, dass in den

Das wurde aber auch Zeit: Bootsreparatur auf Carriacou

erstreckt (ca. 6000 Ew.). Nicht nur die Grenadinen selbst, auch Carriacou ist politisch geteilt. Der Breitengrad, auf dem die Trennungslinie zwischen den grenadischen Grenadinen und den zu St. Vincent gehörenden verläuft, streift die Nordspitze Carriacous. Ein Ausflug von Grenada aus ist per Flugzeug oder Linienboot möglich. *Informationen: www.ospreylines.com*
Neben der Inselhauptstadt Hillsborough mit einem kleinen Museum zur Koloni-

Adern der heutigen Inselbewohner auch afrikanisches Blut fließt.

ST. LUCIA

(151) (*₥ F6*) **St. Lucia trägt eins der Wahrzeichen der Kleinen Antillen: den Doppelkegel der spitzen Pitonberge. Er ziert nicht nur zahlreiche Postkarten, sondern auch die Titel einiger Bücher über diese Region.**

Die Insel (ca. 173 000 Ew.) ist typisch für die Windward Islands: Sie besitzt ausgedehnte Sandstrände und vorgelagerte Korallenbänke, tropischen Regenwald, einen Vulkan und Schwefelquellen sowie Waldreservate zum Schutz der einheimischen Papageienart Jacquot und anderer seltener, zum Teil endemischer Vogelarten.

Das Freizeitangebot auf der Insel ist unerschöpflich: von geführten oder ungeführten Wanderungen durch den Tropenwald über alle Wassersportarten, Wal- und Schildkrötenbeobachtung, Golf und Wellness bis hin zu Feinschmeckerlokalen, Diskotheken, Theater und Jazz. Die Sprache der Lucies (sprich: Luuschies), wie sich die Einheimischen selbst bezeichnen, ist Kwéyòl, eine Art Patois, zusammengesetzt aus Englisch und Französisch, aber mit eigener Grammatik und Syntax, das selbst für die Westinder anderer Inseln absolut nicht zu verstehen und auf die französisch-englische Geschichte der Insel zurückzuführen ist.

SEHENSWERTES

CASTRIES (151 E2–3) (*☐ F6*)
⚜ KARTE IM HINTEREN UMSCHLAG
Die Hauptstadt St. Lucias (ca. 16 000 Ew.) wurde 1948 bei einem Großbrand fast vollkommen zerstört. Gebäude aus der Zeit vor dem Brand findet man deshalb kaum. Lohnend ist ein Besuch der Kathedrale am Columbus Square, die im Innern mit farbenfrohen Dorfszenen an Wänden und Decken besticht. Falls Sie an einem Samstagvormittag in der Stadt sind, sollten Sie auch auf den Wochenmarkt gehen, der *Jeremie* Ecke *Peynier Street* abgehalten wird.

MARIGOT BAY (151 D–E3) (*☐ F6*)
Das ist der vielleicht schönste Naturstrand und Yachthafen der gesamten Antillen. Hier wurden Ende der 1960er-Jahre Teile des Originalfilms „Dr. Doolittle" gedreht. Das *Discovery at Marigot Bay*, ein Luxusresort, und das *Marina Village* mit Restaurants, Bars, Läden und Boutiquen machen aus der Lagune eine lebhafte Attraktion mit vielfältigen Wassersportangeboten. *An der Westküste südlich von Castries*

PITONS ⭐ (151 D5) (*☐ F6*)
Die Wahrzeichen der Insel liegen an der Südwestküste, südlich von Soufrière. Hier erheben sich direkt am Meer der *Gros Piton* und der *Petit Piton:* spitze Bergkegel vulkanischen Ursprungs, die eine Höhe von über 700 m erreichen. Geübte Bergwanderer bzw. Kletter können den Aufstieg wagen, sollten sich aber in Soufrière unbedingt einen Führer suchen. *Von Soufrière auf der Straße nach Süden Richtung Choiseul*

REGENWALD VON FOND ST. JACQUES (151 E4) (*☐ F6*)
Um das Dorf Fond St. Jacques herum breitet sich ein noch relativ intaktes Regenwaldgebiet aus. Hier gibt es noch Exemplare des seltenen *St.-Lucia-Papageis (Amazona versicolor)*.

SULPHUR SPRINGS UND DIAMOND FALLS (151 D4) (*☐ F6*)
Die Bewohner Soufrières lotsen Besucher, die mit dem Leihwagen auf der malerischen Küstenstraße von Castries ankommen, gern mit den Worten „See the Drive-In-Vulcano" in den Krater eines Vulkans, den man (allerdings nicht ganz) mit dem Auto befahren kann. Man muss sein Auto auf einem Parkplatz davor abstellen (*tgl. 9–17 Uhr | EC $ 5*). Neben den *Sulphur Springs,* die ihre Anwesenheit durch den Gestank von Schwefel ankündigen, lohnt ein Besuch der *Diamond Falls and Baths,* hier kann

man sich von den Strapazen bei einem entspannenden Bad erholen. *Geführte Touren tgl. 10–17 Uhr | Sulphur Springs oder Diamond Gardens je EC $ 10*

serviert. Die freundliche Bedienung, der atemberaubende Blick auf die Zuckerhüte der Pitons und die Lage mitten im Regenwald machen das unvergleichliche

Sulphur Springs: Südöstlich von Soufrière treten heiße Dämpfe aus

VIEUX FORT (151 E6) (⌘ F6)

Die zweitgrößte Stadt St. Lucias liegt am südlichen Ende der Insel. Vom frei zugänglichen ● ☀ Leuchtturm in Moule à Chique aus kann man im Süden sogar St. Vincent sehen.

ESSEN & TRINKEN

THE COAL POT (151 E2) (⌘ F6)

Restaurant mit französisch-kreolischer Küche. Offene Räume, karibisch-südamerikanische Kunst. *So geschl. | Vigie Marina | Castries | Tel. 758 4 52 55 66 | €€€*

DASHEENE RESTAURANT ★ ☀ (151 D4) (⌘ F6)

Auf der Terrasse des *Ladera Resorts* werden köstliche kreolische Spezialitäten

Ambiente dieses Hotels aus. Die weite Anfahrt aus dem Norden der Insel lohnt sich auf jeden Fall. *Tgl. | Ladera Resort | Soufrière | Tel. 758 4 59 73 23 | €€€*

SPINNAKERS (151 E2) (⌘ F6)

Die Beachbar an der Rodney Bay serviert wunderbare Fisch- und Fleischgerichte, Pasta und Salate. Mit einem Cocktail in der Hand geht die Sonne noch glühender unter. *Reduit Beach | Rodney Bay | Tel. 758 4 52 84 91 | €€–€€€*

EINKAUFEN

POINTE SERAPHINE (151 E2) (⌘ F6)

Am Nordrand des Hafens von Castries liegt ein Duty-free-Shopping-Center, in dem vor allem die Passagiere der Kreuzfahrtschiffe einkaufen. *Mo–Fr 9–17, Sa 9–14 Uhr*

ST. VINCENT

(154) *(山 F7)* **St. Vincent und die südlicher liegenden Grenadinen gelten neben den Virgin Islands als schönstes** ⭐ *Segelrevier* **der Karibik. Die einzelnen Inselchen, die oft nur wenige Kilometer voneinander entfernt im türkisfarben leuchtenden, seichten Wasser liegen, lassen sich innerhalb weniger Tage bequem bereisen.**

St. Vincent (117 000 Ew.) ist eine Insel vulkanischen Ursprungs mit entsprechender Vegetation, Wasserfällen und Schwefelquellen. Auch hier haben sich im 17./18. Jh. die Briten mit den Franzosen um die Insel gestritten. Nach dem Krieg gegen die „Black Caribs", rebellische Nachkommen von Kariben und Sklaven, der 1779 ein blutiges Ende nahm, erlangten die Briten die Herrschaft über St. Vincent. Seit 1979 ist die Insel unabhängig; die englische Königin ist aber noch immer nominelles Staatsoberhaupt der repräsentativen Monarchie. Die Wirtschaft ist stark von der Landwirtschaft abhängig. Mit Dominica, Grenada und St. Lucia gehört die Insel zu den größten Bananenlieferanten des Vereinigten Königreichs.

AM ABEND

In *Gros Islet* (151 E2) *(山 F6)* ist freitagabends *jump up* der Einheimischen. Dann wird auf den Straßen getanzt!

THE LIME (151 E2) *(山 F6)*

Bekanntester Musik- und Tanztreff der Insel (10 km nördl. von Castries). *Tgl. | Reduit Beach | Rodney Bay | Tel. 758 4 52 07 61*

ÜBERNACHTEN

ANSE CHASTANET ⭐ ☀
(151 D4) *(山 F6)*
Bezauberndes, ruhiges Hotel mit Gästevillen am Hügel und direkt am Strand, von denen aus man einen einzigartigen Blick hat. Phantastische Küche, eigene Tauchschule, viele andere Sportangebote. *49 Zi. | Soufrière | Tel. 758 4 59 70 00 | www.ansechastanet.com | €€€*

BAY GARDENS INN (151 E2) *(山 F6)*
Entspannte Stimmung in Rodney Bay. Die geräumigen Zimmer sind farbenfroh dekoriert. Restaurant, Bar, Strandshuttle. *33 Zi. | Rodney Bay | Tel. 758 6 20 32 00 | www.baygardenresorts.com | €–€€*

FOX GROVE INN ☀ (151 F4) *(山 F6)*
Freundliches Gästehaus auf einem Hügel mit tollem Blick über Praslin Bay. Im Restaurant gute karibische Hausmannskost. *12 Zi. | Mon Repos | Tel. 758 4 55 38 00 | www.foxgroveinn.com | €–€€*

AUSKUNFT

ST. LUCIA TOURIST BOARD
P. O. Box 221 | Sureline Building | Vide Bouteile | Castries | Tel. 758 4 52 40 94 | www.stlucia.org

SEHENSWERTES

BOTANIC GARDENS ⭐
(154 B4) *(山 F7)*
Der botanische Garten in Kingstown, der 1765 gegründet wurde, ist der älteste der westlichen Hemisphäre. Sie sollten sich für ca. *US$ 5* einen Führer mit auf den Rundgang nehmen. *Tgl. 6–18 Uhr | Eintritt US$ 4 | Leeward Highway*

▶ INSIDER TIPP ▶ FALLS OF BALEINE
(154 B1) *(山 F7)*
Der Wasserfall im Nordwesten ist zu Fuß nur schwer zu erreichen. Schließen Sie

sich einer Bootstour an, die verschiedene Veranstalter anbieten. Im Preis sind ein Picknick und eine Schnorchelpause enthalten. *Bootstour: US $ 70–80 pro Person*

FORT CHARLOTTE (154 A4) (*ⅉ F7*)

Die Befestigungsanlage erhebt sich 200 m über dem Nordende der Bucht von Kingstown. 1806 wurde sie errichtet und diente der Verteidigung gegen Angriffe von See sowie den „Black Caribs" – viele der Kanonen zeigen noch landeinwärts. Die Geschichte der „Black Caribs" wird in den Gemächern der Festung dargestellt. *Mo–Fr 8–15 Uhr | Eintritt US $ 2*

MONTREAL GARDEN (154 B4) (*ⅉ F7*)

Der walisische Landschaftsgärtner Timothy Vaughn hat das einst heruntergekommene Stück Land in einen umwerfenden Garten mit tropischen Pflanzen und Vögeln verwandelt. Riesige Farnstauden bilden entlang der Wege einen schattenspendenden Baldachin. Im Hintergrund erhebt sich Grand Bon Homme, der 970 m hohe Berg der Insel. *Dez.–Aug. tgl. 9–16 Uhr | Eintritt US $ 3 | Montreal St. | Mesopotamia*

WALLIBOU BAY (154 A–B2) (*ⅉ F7*)

Hier wurde ein großer Teil des Films „Der Fluch der Karibik I" gedreht. Die Bay ist damit echte Attraktion, denn viele der Original-Requisiten sind noch erhalten und im Restaurant des Hotels *Wallibou Anchorage* zu besichtigen. *An der Westküste nördlich von Barrouallie*

ESSEN & TRINKEN

THE FRENCH VERANDAH ✲ (154 B5) (*ⅉ F7*)

Französisch-kreolische Küche. Candlelight-Dinner auf der Terrasse am Meer. *Tgl. | Mariners Hotel | Villa Beach | Tel. 784 4 53 11 11 | €€*

VEE-JAY'S ✲ (154 A4) (*ⅉ F7*)

Authentische „Vinci"-(St. Vincent-)Küche mit den besten Rotis der Insel. Gute Cocktails und am Wochenende Livemusik. *So geschl. | Lower Bay Street | Kingstown | Tel. 784 4 57 28 45 | €–€€*

AM ABEND

THE ATTIC (154 A4) (*ⅉ F7*)

Jazzlokal über dem Kentucky-Fried-Chicken-Restaurant. *Mo–Sa ab 20 Uhr | Paul's Ave. | Kingstown | Tel. 784 4 57 25 58*

ÜBERNACHTEN

TRANQUILITY BEACH APARTMENT HOTEL ✲ (154 B5) (*ⅉ F7*)

Einfaches, freundliches Haus an der Indian Bay. *12 Zi. | Tel. 784 4 58 40 21 | www.tranquilityhotel.com | €*

INSIDER TIPP ▶ YOUNG ISLAND RESORT (154 B5) (*ⅉ F7*)

Kleine Insel mit erstklassiger Hotelanlage (Fähre von Villa aus). Vom Anleger geht's dann vorbei an einem Becken, in dem kleine Haie schwimmen, zur Rezeption. Oberhalb liegen die Bungalows. *30 Zi. | Young Island | Tel. 784 4 58 48 26 | www.youngisland.com | €€€*

AUSKUNFT

ST. VINCENT BOARD OF TOURISM

Cruiseship Terminal | Kingstown | Tel. 784 4 57 15 02 | www.svgtourism.com

INSELN IN DER UMGEBUNG

INSIDER TIPP ▶ BEQUIA (155 E–F2) (*ⅉ F7*)

Das 15 km von St. Vincent entfernte Bequia (ca. 5000 Ew.) ist die nördlichste und größte der Grenadineninseln. Besonders Port Elizabeth ist ein beliebter Anlaufpunkt für Segler auf dem Weg gen

Süden. In Paget Farm gibt es noch einige ältere Männer, die von Februar bis Mai auf Walfang gehen – in kaum 10 m langen Holzbooten, die nur mit Rudern und Segelkraft angetrieben werden. Vielleicht hat Greenpeace auch deshalb bis jetzt keine Einwände erhoben. Am schönsten wohnen Sie auf Bequia im *Frangipani Hotel (15 Zi. | Tel. 784 458 32 55 | www.frangipanibequia.com | €€)*.

INSIDER TIPP MAYREAU
(155 D5) (*m F7–8*)
Segler gehen vor diesem Privatinselchen (ca. 60 km entfernt) vor allem deshalb gern vor Anker, weil das Essen im Strandhotel sehr gut ist. *5 Zi. | Dennis' Hideaway | Tel. 784 458 85 94 | www. Dennis-hideaway.com | €–€€*

MUSTIQUE (155 F3) (*m F7*)
Mustique (500 Ew., 30 km entfernt) gehört zu den exklusivsten Inseln der Kleinen Antillen. Hier haben u. a. David Bowie und Mick Jagger ihre „Ferienhäuschen". Falls Sie mehrere Tausend Dollar pro Woche bezahlen möchten, können Sie die Datschen auch mieten. Inseltreffpunkt ist *Basil's Bar;* die gute Chance, hier mal einen Promi zu entdecken, muss man mit überhöhten Preisen bezahlen *(tgl. | Britannia Bay | Tel. 784 4 88 83 50 | www.basilmustique.com | €€€)*.

TOBAGO CAYS ★ (155 E5) (*m F8*)
Die kleine Gruppe von Inselchen ist ein bevorzugter lauschiger Ankerplatz für die in den Grenadinen kreuzenden Yachten und für Tauchveranstalter, die von St. Vincent aus (ca. 55 km entfernt) mit ihren Gästen hierher kommen. Die Eilande sind unbewohnt. Die Gewässer zwischen den Inseln sind ein ideales Tauch- und Schnorchelrevier.

UNION ISLAND (155 D5) (*m F8*)
Union Island (2000 Ew.) ist die südlichste der zu St. Vincent (65 km entfernt) gehörenden Grenadinen. Vom kleinen Flughafen aus (bei Clifton) kommt man nach St. Vincent, aber auch nach Carriacou und Grenada.

Ein Paradies für Segler und Taucher – die Tobago Cays

FRANZÖSISCHE ANTILLEN

Martinique, Guadeloupe und die kleineren zur Grande Nation gehörenden Inseln sind französischsprachige Enklaven in der sonst anglophonen Region der Kleinen Antillen. Nördlich und südlich, auch auf Dominica, das zwischen den beiden großen französischen Inseln liegt, ist Englisch die Amtssprache.

Hier, auf Dominica, finden sich höchstens im Patois, der kreolischen Mischsprache, noch französische Elemente. Erst im Westteil der weiter nordwestlich gelegenen Insel Hispaniola, in Haiti, wird wieder Französisch gesprochen.

Die Französischen Antillen sind weder selbstständige Staaten wie z.B. Grenada oder Barbados, noch gehören sie zu den letzten Kolonien, wie die British Virgin Islands oder Montserrat. Vielmehr sind sie sogenannte überseeische Départements Frankreichs. Ihre Einwohner besitzen die französische Staatsbürgerschaft, sind bei den Wahlen in Frankreich stimmberechtigt und unterliegen natürlich auch französischen Gesetzen. Der Euro ist die offizielle Währung, das Schulsystem ist ebenso französisch wie die ganze Lebensart. Diese Verbundenheit mit Frankreich hat Vorteile für die Inseln. Dank der finanziellen Unterstützung aus Paris ist die Wirtschaft einigermaßen gefestigt. Die medizinische Versorgung und die allgemeinen Sozialleistungen haben eher westeuropäisches als karibisches Niveau. Die Inseln sind deshalb trotz einiger Probleme wohlhabender und weniger vom Tourismus abhängig als viele ihrer Nachbarn.

Guadeloupe und Martinique, zusammen ein Département der Grande Nation, haben viel vom Flair der Riviera

GUADELOUPE

(148–149) *(⚇ F4)* **Die Kariben haben mehr Phantasie bei der Namensgebung der Insel bewiesen als Kolumbus: Er nannte sie nach der „Heiligen Jungfrau von Guadeloupe" in Spanien, bei ihnen hieß sie Karukera: „Insel der schönen Gewässer".**

Die Form der Insel (ca. 405 000 Ew.) gleicht einem Schmetterling, die beiden Flügel sind lediglich durch einen schma-

len Landstreifen miteinander verbunden. Der östliche, kleinere Flügel heißt *Grande-Terre,* ist ein relativ flaches Kalksteinplateau korallinen Ursprungs und wird landwirtschaftlich genutzt. Die westliche Hälfte heißt *Basse-Terre;* hier erheben sich Berge vulkanischen Ursprungs bis zu einer Höhe von fast 1500 m. Ein großer Teil des Landesinneren von Basse-Terre wird vom Nationalpark *Parc National de la Guadeloupe* eingenommen.

Zum Département Guadeloupe gehören außer den kleineren, vor der Küste lie-

Schoelcher-Büste vor dem Musée Schoelcher in Pointe-à-Pitre

genden Inseln auch das weiter entfernte St-Martin und St-Barthélemy. Guadeloupe ist immer die etwas ärmere Schwester der Nachbarinsel Martinique gewesen und wird auch heute noch als solche angesehen.

SEHENSWERTES

BASSE-TERRE (148 A5–6) (🛍 F4)

Die hübsche kleine Hafenstadt an der Südwestküste liegt am Fuß des Vulkans La Soufrière. Obwohl sie sehr viel kleiner (12 000 Ew.) ist als Pointe-à-Pitre, ist sie dennoch der Verwaltungssitz des gesamten Départements. An den schmalen Straßen und kleinen palmenbestandenen Plätzen liegen einige schöne Bauten französischer Kolonialarchitektur, und im Süden findet man die Ruinen des *Forts Louis Delgrès* aus dem 17. Jh. *(tgl. 9–16.30 Uhr | Eintritt frei)*.

CASCADE AUX ECREVISSES (148 B4) (🛍 F4)

An der *La Traversée* genannten Straße, die Basse-Terre durchquert (auf Karten trägt sie die Bezeichnung D 23), liegt auf halber Strecke mitten im Parc National ein schöner, kleiner Wasserfall mit Picknickplätzen, den man auf einem markierten Pfad vom Parkplatz aus in ca. 5 Minuten zu Fuß erreicht.

MUSÉE SCHOELCHER (148 C4) (🛍 F4)

Das Museum in einem hübschen Kolonialbau mit schmiedeeisernen Fensterbalkonen ist dem Elsässer Victor Schoelcher gewidmet, der im 19. Jh. für ein Ende der Sklaverei auf den Französischen Antillen kämpfte. In seinem ehemaligen Wohnhaus sind Möbel, Interieur und Erinnerungsstücke zu sehen. *Mo–Fr 9–17 Uhr | Eintritt 3 Euro | 24 Rue Peynier | Pointe-à-Pitre*

PARC NATIONAL DE LA GUADELOUPE

⭐ (148 A–B 4–5) (ℳ F4)

Der Nationalpark nimmt einen großen Teil von Basse-Terre ein. Innerhalb seiner Grenzen finden Sie ausgedehnte Regenwälder, den Vulkan *La Soufrière*, mehrere Wasserfälle und ein Netz von Wanderwegen, mit denen den Besuchern die verschiedenen Sehenswürdigkeiten erschlossen werden. Beim Tourist Office gibt es eine Informationsbroschüre, die auch Auskunft über die Wege gibt.

POINTE-À-PITRE (148 C3–4) (ℳ F4)

Pointe-à-Pitre (16 000 Ew.) ist das wirtschaftliche Zentrum der Insel. Die Stadt ist nicht besonders attraktiv, bietet aber neben einigen guten Restaurants viele Einkaufsmöglichkeiten, die nicht anders sind als in den Metropolen Europas. Das Stadtzentrum liegt um die *Place de la Victoire*, einen schönen kleinen Park mit Schatten spendenden Bäumen am Wasser. Hier findet auch der Wochenmarkt statt, bei dem man spürt, dass man sich in der Karibik befindet und nicht in Frankreich.

SAINT-CLAUDE (148 A5) (ℳ F4)

Der nette Vorort von Basse-Terre liegt am Hang des Vulkans La Soufrière. Vom ☀ Picknickplatz im Ort haben Sie einen schönen Blick auf den Vulkan.

LA SOUFRIÈRE (148 B5) (ℳ F4)

Mit 1467 m ist der noch immer aktive Vulkan La Soufrière nicht nur der höchste Berg Guadeloupes, sondern der gesamten Kleinen Antillen. Der Aufstieg zum Krater lohnt, zumal man mit dem Auto bis auf 1100 m Höhe fahren kann – durch subtropischen Regenwald, der zum Erkunden animiert. Vom Parkplatz auf der *Savane à Mulets* folgt dann allerdings noch ein 300 m langer, recht schwieriger Aufstieg. Ein Teil des Weges führt durch feuchtkalte Nebelwolken, die leider am Krater oft die Sicht beeinträchtigen.

ESSEN & TRINKEN

IGUANE CAFÉ (149 E3) (ℳ F4)

Asiatisch, afrikanisch, indisch beeinflusste Küche, göttliche Desserts. Dank seines Beliebtheitsgrads kann es sehr voll werden, deshalb besser einen Tisch reservieren. *Di geschl. | Route de la Pointe des Châteaux | St-François | Tel. 590 88 6137 | €€€*

LA PASSION CRÉOLE ●

(148 A3) (ℳ E–F4)

In dem kleinen, blauen Holzhäuschen mit den roten Fensterläden wird die Speisekarte täglich gewechselt. Kreolische Currys, *blaff* und frische Langusten gehören neben den wunderbaren Rumcocktails, wie dem Ti-Punch, zur Spezialität des Hauses. *381 Allée du Cœur | Déshaies | Tel. 590 6 90 45 97 98 | €*

⭐ **Parc National de la Guadeloupe**
Ein gut erschlossener Nationalpark → S. 59

⭐ **Mont Pelée**
Fast 1400 m hoch: Vulkan mit Aussicht auf Martinique und den Atlantik → S. 61

⭐ **St-Pierre**
Das untergegangene „Pompeji der Karibik" liegt auf Martinique → S. 62

⭐ **Marigot**
Eine Stadt mit dem Flair der Französischen Riviera auf St-Martin → S. 66

MARCO POLO HIGHLIGHTS

EINKAUFEN

Die meisten Geschäfte liegen am Hafen von Pointe-à-Pitre (148 C4) (ℳ F4). Die besten „Schnäppchen" können Sie bei Kosmetik, Parfüms, Seidentüchern, Kristall, Porzellan, Tabak und Spirituosen machen.

STRÄNDE

Von den vielen schönen Badeständen zwischen Le Gosier und St-François an der Südküste von Grande-Terre ist der von Ste-Anne (149 D4) (ℳ F4) vielleicht der schönste.

AM ABEND

CASINO DE GOSIER LES BAINS
(148 C4) (ℳ F4)

Kasino mit Niveau; es gibt keine billigen Daddelautomaten, und es wird auf korrekte Kleidung geachtet! So geschl., ab 21 J. mit Ausweis | Gosier | Tel. 590 84 79 68 | Eintritt 10 Euro

ÜBERNACHTEN

INSIDER TIPP ▶ LE JARDIN MALANGA ☆
(148 B5–6) (ℳ F4)

Die ehemalige Kaffeeplantage wurde zu einem Traumhotel mit tollem Blick aufs Meer und die Berge umgebaut. Wegen der fantastischen Küche bietet sich Halbpension an. 10 Zi. | 60 Route de l'Hermitage | Trois Rivières | Tel. 590 92 67 57 | www.jardinmalanga.com | € €

LE JARDIN TROPICAL ☆
(148 A4) (ℳ E–F4)

Hotel in den Hügeln über Bouillante. Toller Blick auf Ilet Pigeon, die „Taubeninsel". Gutes Tauch- und Schnorchelrevier. 11 Bung. | Pigeon Bouillante | Tel. 590 98 77 23 | www.lejardintropical.com | €

AUSKUNFT

OFFICE DU TOURISME DE POINTE-À-PITRE (148 C4) (ℳ F4)

Sq. de la Banque | Pl. de la Victoire | Tel. 590 82 09 30 | www.go2guadeloupe.com

Auf Guadeloupe kommen Wassersportler auf ihre Kosten – wie hier bei Ste-Anne

INSELN IN DER UMGEBUNG

ÎLES DES SAINTES
(149 D–E 5–6) (*ffl F4*)

Die meisten der 3000 Einwohner von Terre-de-Bas und Terre-de-Haut, der beiden einzigen bewohnten der insgesamt acht bergigen Inseln von Les Saintes stammen von bretonischen Fischern ab. Vor der von Guadeloupe ca. 12 km entfernten Inselkette, deren höchste Erhebungen z.T. über 300 m hoch aus dem Meer ragen, fand 1782 eine Seeschlacht statt, in der der englische Admiral Rodney die Franzosen schlug, die versucht hatten Jamaika anzugreifen. Das *Museum im Fort Napoleon* schildert die Ereignisse aus französischer Sicht. Tagesausflüge von Guadeloupe. Unterkunft: **INSIDER TIPP** *Auberge les Petits Saints* | 10 Zi. | La Savane | Terre-de-Haut | Tel. 590 99 50 99 | www.petitssaints.com | €€

MARIE-GALANTE
(149 E–F 5–6) (*ffl F4*)

Marie-Galante (13 460 Ew.) ist mit 155 km² die größte der kleinen Inseln, die vor Guadeloupe liegen (ca. 45 km entfernt). Die schönen Strände ziehen vor allem die Einheimischen von Guadeloupe an, Fernreisende trifft man hier eher selten. Auf der Insel wurde früher Zucker angebaut, und noch heute sieht man vereinzelt Ruinen alter Zuckermühlen und einige alte Plantagenhäuser. Unterkunft: *Le Touloulou (5 Bungalows | Petit Anse | Capesterre | Tel. 590 97 32 63 | www.lettouloulou.com | €).*

MARTINIQUE

(152–153) (*ffl F5–6*) **Auf Martinique, in der Sprache der Ureinwohner Madinia ("Blumeninsel"), soll es die schönsten Mädchen der ganzen Karibik geben …**

Die Insel (ca. 400 000 Ew.) teilt mit vielen anderen in der Region eine unruhige Geschichte. Sie wechselte mehrmals zwischen Großbritannien und Frankreich. 1762 besetzten die Engländer Martinique, um die Insel später im Tausch gegen Kanada, Senegal, St. Vincent und Tobago an Frankreich zurückzugeben. Dieser in der Rückschau reichlich verwegen erscheinende Tausch war damals aus französischer Sicht durchaus sinnvoll, da Martinique und Guadeloupe wichtige Zuckerproduzenten waren. Noch heute ist Martinique eine landwirtschaftlich intensiv genutzte Insel, zu deren Exportgütern neben Zucker und Rum auch Bananen und Ananas gehören.

SEHENSWERTES

FORT-DE-FRANCE (152 C4) (*ffl F5*)

Zur Hauptstadt wurde der Ort erst 1902, nachdem St-Pierre bei einem Vulkanausbruch untergegangen war. Heute ist Fort-de-France eine florierende Metropole (ca. 160 000 Ew.), die französisches Flair verströmt. Sehenswert sind das Fort St-Louis, das auch heute noch militärisch genutzt wird und deshalb nur eingeschränkt zugänglich ist, und das *La Savane* genannte schöne Parkgelände an der Baie des Flamands. Hier stehen die Statuen der Kaiserin Joséphine (die erste Frau Napoleons wurde 1763 auf Martinique geboren) und des Anführers der ersten französischen Siedler auf der Insel, Pierre Belain d'Esnambuc.

MONT PELÉE ★ (152 B2) (*ffl F5*)

Sie können den 1397 m hohen, imposanten Mont Pelée im Norden der Insel mit dem Auto erreichen. Auf halber Strecke den Vulkan hinauf befindet sich ein Parkplatz mit einer ☼ Aussichtsplattform, von der aus Sie einen schönen Blick auf den Atlantik haben. Wer möchte und fit genug ist, kann von hier aus bis zum Krater hinaufsteigen.

MUSÉE DÉPARTEMENTAL DE LA MARTINIQUE (152 C4) (🗺 F5)
Im Museum sind Ausstellungen zur indianischen Vergangenheit Martiniques und

fang des 19. Jhs. 18 Monate lang ein Dorn im Auge. Eine kleine Besatzung britischer Soldaten und Seeleute war nämlich auf diesem unsinkbaren Schlachtschiff stationiert und bombardierte die vorbeifahrenden französischen Schiffe. Die Engländer tauften ihr Felsenschiff mit dem ihnen

Einst Hauptstadt, nach dem Vulkanausbruch nur noch ein Dorf: St. Pierre

zur Geschichte der Sklaverei zu sehen. *Mo 13–17, Di–Fr 8–17, Sa 9–12 Uhr | Eintritt 4 Euro | 9 Rue de la Liberté | Fort-de-France*

INSIDER TIPP MUSÉE DU RHUM SAINT-JAMES (153 D2) (🗺 F5)
Museum in einem schönen Kolonialgebäude. Zur Besichtigung gehören auch ein Rundgang durch die heutige Brennerei und eine Rum-Verkostung. *Mo–Fr 9–17, Sa/So 9–13 Uhr | Eintritt frei | Saint James Distillery | Sainte-Marie*

ROCHER DU DIAMANT (152 C6) (🗺 F6)
Den Franzosen war das winzige Felseneiland vor der Südküste Martiniques An-

eigenen Humor „His Majestic Ship Diamond Rock", und noch heute salutieren vorbeifahrende britische Schiffe.

ST-PIERRE ★ (152 B2) (🗺 F5)
Das Unheil brach am 8. Mai 1902 über die Stadt herein. Die Bewohner von St-Pierre hatten das warnende Grummeln des Mont Pelée in den vergangenen Tagen einfach ignoriert, ebenso die Flucht aller Tiere. Und plötzlich verwandelte der Vulkan die Hauptstadt Martiniques mit einem glühenden Ascheregen innerhalb von drei Minuten in ein karibisches Pompeji. Von den Einwohnern soll nur einer den Ausbruch überlebt haben – eingeschlossen in einer Zelle wegen

Trunkenheit. Das kleine Dorf, das heute den Namen St-Pierre trägt, steht an der Stelle der untergegangenen Stadt. Einzelne Gebäudereste können besichtigt werden, u.a. die lebensrettende Gefängniszelle. Das Museum informiert über den Hergang der Katastrophe. *Tgl. 9–17 Uhr | Eintritt 5 Euro*

ESSEN & TRINKEN

LA BELLE ÉPOQUE (152 C4) (* poco F5*)
Das Kolonialgebäude aus dem 19. Jh. liegt in einem erhöhten Vorort von Fort-de-France. Kreolische Antiquitäten zieren den Speiseraum, auf der Karte finden sich französische Köstlichkeiten wie Crevetten-Cocktail, Kürbisflan oder Foie Gras. Der Service könnte perfekter nicht sein! *Tgl. | 97 Route de Didier | Fort-de-France | Tel. 596 64 41 19 | €€–€€€*

LE PETITBONUM (152 B3) (*poco F5*)
Die Spezialität dieser entspannten Beachbar ist Jumbo Crayfish auf flambierter Vanillecreme. Sa gibt's Livemusik. *Quartier le Coin | Carbet | Tel. 596 78 04 34 | €€*

EINKAUFEN

Fort-de-France (152 C4) (*poco F5*) gilt als das „Paris der Karibik". Hier finden Sie sowohl internationale Designernamen als auch einheimische Avantgarde. Die exklusivsten Geschäfte liegen in den Straßen *Rue Victor Hugo, Antoine Siger, Lamartine* und *Moreau de Jones*.

STRÄNDE

Schöne Strände auf Martinique sind *Le Diamant* mit Blick auf den vorgelagerten *Rocher du Diamant* (152 C5) (*poco F6*) und *Les Salines* (153 E6) (*poco F6*) am Südzipfel der Insel.

AM ABEND

CASINO TROIS-ILETS (152 C4) (*poco F5*)
Sie können Roulette und Black Jack spielen oder an Slot Machines Ihr Glück versuchen. *24, rue Bougainvilliers | Trois Ilets | Tel. 596 66 00 30*

COCONUTS CLUB (153 D5) (*poco F5*)
Hier herrscht die ultimative Partystimmung. *Mo–Sa ab 21 Uhr | Quartier Laugier | Rivière-Salée | Tel. 596 68 20 49*

ÜBERNACHTEN

DOMAINE ST-AUBIN (153 D2) (*poco F5*)
Das viktorianische Herrenhaus thront auf einem von Zuckerrohrfeldern umgebenen Hügel. Die 28 Zimmer sind mit Möbeln aus dem 19. Jh. eingerichtet. *Trinité | Tel. 596 69 34 77 | www.ledomainesaint aubin.com | €€–€€€*

HÔTEL PLEIN SOLEIL (153 E4) (*poco F5*)
Kleines, kunstambitioniertes Refugium. Besitzer Jean Christophe serviert seinen Gästen ein Luxusfrühstück. *16 Zi. | Pointe Thalémont | Le François | Tel. 596 38 07 77 | www.hotelpleinsoleil.fr | €€*

AUSKUNFT

COMITÉ MARTINIQUAIS DU TOURISME (152 C4) (*poco F5*)
Immeuble Le Beaupré-Pointe de Jaham | Rue Schoelcher | Tel. 596 61 61 77 | www. martiniquetourisme.com

ST-BARTHÉLEMY

(149 F1–2) (*poco D2*) **St-Barts oder St-Barth, wie die Insel in Kurzfassung auch genannt wird, liegt mehr als 230 km**

Überschaubares Nachtleben: Straßenlokal in Gustavia

nördlich von Guadeloupe und gehört zusammen mit St. Martin zum „französischen Außengebiet".

Auf der wenig mehr als 20 km² großen Insel leben 8000 Einwohner, meist normannischer oder bretonischer Abstammung. Auch diese Insel wechselte zigmal den Besitzer: Im 18. Jh. gehörte sie zu Frankreich, dann rissen sich Schweden und die Malteserritter St-Barthélemy unter den Nagel; 1878 fiel sie an Frankreich zurück. Heute lebt die Insel hauptsächlich vom Tourismus. Der Jetset der Welt aus Politik und Wirtschaft, aus der Film- und Musikbranche trifft sich hier traditionell gern zu einer einzigen großen Party. Die Kennedys und die Rockefellers besaßen hier einst Anwesen. Dementsprechend hoch ist das Preisniveau.

SEHENSWERTES

COROSSOL (149 F1) (*ω D2*)

In dem Fischerdorf wird's vor allem abends interessant, wenn die Boote vom Meer zurückkommen. Manche Frauen tragen sonntags zum Kirchgang noch ihre traditionelle normannische Tracht. Sie verkaufen Flechtwerk und andere Handarbeiten. *2 km nordwestlich von Gustavia*

GUSTAVIA (149 F2) (*ω D2*)

Dem Hauptort der Insel, der idyllisch an einem geschützten Naturhafen liegt, merkt man trotz des Feuers, das hier 1852 wütete, in der Architektur den schwedischen Einfluss noch immer an. Er wurde nach König Gustav III. Adolf benannt. Aus dieser Zeit stammt auch der Status der Insel als Freihafen.

INTER OCEANS MUSEUM (149 F1) (*ω D2*)

Das kleine Museum beherbergt eine tolle Muschelsammlung mit wunderschönen Exemplaren nicht nur aus der Karibik, sondern aus allen Meeren der Welt. *Di–So 9–12 und 14–17 Uhr | Eintritt 3 Euro | Corossol*

SAINT-JEAN (149 F1) (*ⵁ D2*)
Die Bucht und der gleichnamige kleine Ort, in dessen Nähe auch der Flughafen liegt, ist eines der Haupturlaubsgebiete der Insel. Hier gibt es viele Hotelkomplexe und ein großes Einkaufszentrum.

ESSEN & TRINKEN

EDDY'S RESTAURANT (149 F2) (*ⵁ D2*)
Hier nehmen Sie Ihr Dinner in einem offenen, tropischen Garten. Ortstypische kreolische Küche mit Tagesempfehlungen. *So und mittags geschl. | Gustavia | Tel. 590 27 54 17 | €€*

MAYA'S (149 F2) (*ⵁ D2*)
Liegt direkt am Wasser des „öffentlichen Strandes". Bevor Sie sich in aller Ruhe dem guten Essen widmen, sollten Sie hier den phantastischen Sonnenuntergang mit einem Cocktail genießen. *So geschl. | Anse de Public | Tel. 590 27 75 73 | €€€*

EINKAUFEN

Der Freihafenstatus aus schwedischer Zeit wurde nicht aufgegeben: Zollfreie Waren wie Schmuck, Kosmetik, Parfum, Porzellan, Spirituosen und Tabak sind besonders günstig, aufgrund des allgemein hohen Preisniveaus aber auch nicht wirklich billig. Das *Commercial Center* in St-Jean und die Hauptstadt *Gustavia* laden zum Einkauf.

STRÄNDE

Neben der INSIDER TIPP ▶ *Anse de Grande Saline* (149 F2) (*ⵁ D2*) an der Nordküste, an der Ihnen auch schon mal der

BÜCHER & FILME

Emily und Cambridge – Caryl Phillips lässt in ihrem Roman (1991) die Tochter eines englischen Plantagenbesitzers mit einem schwarzen Sklaven zusammentreffen und beschreibt so die Konflikte zweier unterschiedlicher Gesellschaftsschichten und Kulturen zur britischen Kolonialzeit

Sargassomeer – Jean Rhys schildert in düsteren, dekadenten Bildern die Geschichte der Halbkreolin Antoinette im kolonialen Westindien (1966)

Nur eine kleine Insel – Jamaica Kincaids Roman (1988) spielt auf Antigua und wirft einen literarisch-kritischen Blick auf Geschichte und Gegenwart der Kleinen Antillen

Erzählungen von den Inseln – Sozialkritische Gedichte (1993) des auf St. Lucia geborenen Nobelpreisträgers Derek Walcott

Nie endet der Karneval – In Herman Wouks Roman (1966) träumt ein erfolgreicher Geschäftsmann vom Paradies, kämpft aber schließlich gegen karibische Naturereignisse und kulturelle Schranken

Island in the Sun – Atmosphärischer Spielfilm (1957) mit James Mason und Harry Belafonte in den Hauptrollen

Fluch der Karibik, Teil 3 – Der Hollywood-Blockbuster wurde hauptsächlich auf Dominica gedreht (2007)

Modeschöpfer Giorgio Armani höchstpersönlich im Herrensarong begegnen kann, ist auch *Lorient* (149 F1) *(𝄡 D2)* an der Südküste zu empfehlen: Dieser Spot ist wegen der schönen Wellen auch bei Surfern sehr beliebt. Insgesamt hat die Insel über 20 feinsandige Badebuchten zu bieten.

ÜBERNACHTEN

LE GUANAHANI (149 F1) *(𝄡 D2)*
Schön gelegene Bungalows, die einen herrlichen Blick aufs Meer bieten. Sonnenhungrige können zwischen zwei

LOW BUDGET

Ein freundliches, günstiges (ab 25 Euro) Haus auf Guadeloupe ist das *Relais d'Orléans* mit kleinen Zimmern und einfachem Restaurant. *12 Zi. | Rue Lardenoy | Basse-Terre | Tel. 590 81 16 38*

Am Strand von Ste-Anne auf Guadeloupe gibt es viele kleine Strandrestaurants oder Grills, in denen man günstig essen kann, z. B. *Kouleur Kreole* (Salate, Meeresfrüchte).

Auf Martinique bietet die französische Kette *Délifrance* zum Frühstück und mittags preiswerte Baguettes und Sandwiches, z. B. in der Rue de la Liberté *(Fort-de-France)*.

Reisende, die im Kaufhaus *Galeries Lafayette* auf Martinique mit Kreditkarte oder Travellercheques bezahlen, bekommen auf die Waren einen Nachlass von 20 Prozent. *Rue Schoelcher | Fort-de-France*

hoteleigenen Stränden wählen. Die Kolonialarchitektur verbindet kräftige Farben mit hochwertigen Materialien. *69 Zi. | Grand Cul de Sac | Tel. 590 27 66 60 | www.leguanahani.com | €€€*

INSIDER TIPP ▶ LE NORMANDIE
(149 F2) *(𝄡 D2)*
Das einzige erschwingliche Hotel auf der Insel ist klein und bietet eine entspannte Club-Atmosphäre. *8 Zi. | Quartier Lorient | Tel. 590 27 61 66 | www. normandiehotelstbarts.com | €€*

AUSKUNFT

OFFICE MUNICIPAL DU TOURISME
(149 F2) *(𝄡 D2)*
Mo–Fr | Quai du Général de Gaulle | Gustavia | Tel. 590 27 87 27 | www.st-barths.com

ST-MARTIN

(143) *(𝄡 D2)* **Es gibt einen holländischen – Sint Maarten** *(s. S. 86)* **– und einen französischen Teil: St-Martin.**
Von der Staatsgrenze merkt man auf der Insel wenig, und wenn man nicht darauf achtet, fährt man auf der Hauptstraße an der Grenzmarkierung glatt vorbei. Aber die beiden Teile unterscheiden sich durchaus. Der französische (36 000 Ew.) bietet die luxuriöseren Hotels und exquisiteren Restaurants. Der holländische ist eher auf US-Massentourismus ausgerichtet.

SEHENSWERTES

MARIGOT ★ (143 E3–4) *(𝄡 D2)*
Besonders am **INSIDER TIPP** Yachthafen der Hauptstadt von St-Martin fühlt man sich fast an die Französische Riviera versetzt. Ruhen Sie sich in einem der Straßencafés bei einem *café au lait* aus

Phantasievolle Kachelbilder zieren ein Haus in Marigot auf St-Martin

und schauen Sie den Flaneuren hinterher. Vom 🌼 Fort de Marigot, das im 17. Jh. über dem Hafen thronte, sind nur noch Mauerreste und einzelne Kanonen übrig – der Blick über die Stadt lohnt aber den kleinen Aufstieg.

ESSEN & TRINKEN

LE TI BOUCHON (143 F3) (*ᗰ D2*)
Winziges Restaurant an der Anse Marcel. Ständig wechselnde Tageskarte, ausgezeichnete Küche. *110 Route de Cul de Sac | Tel. 690 64 84 64 | €€–€€€*

EINKAUFEN

Kleidung, Schmuck, Kosmetik und Spirituosen. Die besten Geschäfte befinden sich in Marigot in der *Rue de la Liberté* und in der *Rue de la République* (143 E4) (*ᗰ D2*).

STRÄNDE

Die schönsten Strände auf dem französischen Teil der Insel sind an den Buchten *Grand Case* (143 E3) (*ᗰ D2*) im Nordwesten und *Orient* (143 F3) (*ᗰ D2*) an der Nordostküste zu finden.

ÜBERNACHTEN

CAPTAIN OLIVER'S (143 F4) (*ᗰ D2*)
🌼
Quirliges Hotel mit schönem Blick auf die Bay. *50 Zi. | Oyster Pond | Tel. 590 87 40 26 | www.captainolivers.com | €€*

AUSKUNFT

OFFICE DU TOURISME
(143 E4) (*ᗰ D2*)
Route de Sandy Ground | Marigot | Tel. 590 87 57 21 | www.st-martin.org

LEEWARD ISLANDS

Bei den Leeward Islands handelt es sich nicht um eine zusammenhängende geografische oder politische Gruppe. Zwischen den einzelnen Inseln, die einst die Verwaltungseinheit der Leewards innerhalb des britischen Empires bildeten, lagen schon damals verstreut kleine Inseln, die unter französischer, holländischer oder dänischer Herrschaft standen. Wie die British Virgin Islands, die auch zu dieser Verwaltungseinheit gehörten, werden diese Inseln jedoch in diesem Führer an anderer Stelle beschrieben.

ANGUILLA

(144 A–C 5–6) (*D1–2*) **Anguilla ist die nördlichste der Leeward Islands und** eine der ganz wenigen Inseln in der Karibischen See, die nicht vulkanischen Ursprungs ist.

Das koralline Gestein des schmalen, langgestreckten Eilands erhebt sich an der höchsten Stelle, dem *Crocus Hill*, kaum 70 m über den Meeresspiegel. Ursprünglich bildete Anguilla (ca. 16 000 Ew.) innerhalb des britischen Empires eine politische Einheit mit St. Kitts und Nevis, strebte aber nach Unabhängigkeit von den beiden anderen Inseln und erhielt diese schließlich auch. Seit 1980 hat Anguilla den Status eines von Großbritannien abhängigen Gebiets. Früher waren Viehzucht und Bootsbau die Haupterwerbsquellen der Insel. In den letzten Jahren ist der Tourismus wichtiger geworden.

Bild: Low Bay Beach, Barbuda

Strände wie aus Zucker – das britische Erbe zeigt sich im subtropischen Klima von seiner besten Seite

SEHENSWERTES

HERITAGE COLLECTION MUSEUM
(144 C5) (*M D1*)

Artefakte illustrieren die Geschichte der Insel von der Indianerzeit bis zur Kolonialisierung durch die Briten. Private Fotoalben und alte Chroniken dokumentieren das wüten zerstörerischer Hurrikans ebenso wie den Besuch von Queen Elizabeth II. im Jahr 1964. *Mo–Sa 10–17 Uhr | Eintritt US$ 5 | East End | Tel. 264 2 35 74 40*

THE VALLEY (144 B6) (*M D1–2*)

Die Hauptstadt liegt in einem flachen Tal (daher der Name) inmitten der Insel. Bis auf ein paar Boutiquen, Banken, Gästehäuser und Restaurants gibt es nicht viel zu sehen. Interessante Gebäude sind der ehemalige britische Beamtensitz *Old Island House* und das koloniale *Wallblake House* in Crossroads aus dem 18. Jh. Ein Besuch im Tourist Office macht Sie vertraut mit dem Rest der Insel. The Valley bietet sich als Ausgangspunkt für Touren in die Umgebung an.

Hier sind die Übergänge von privat zu öffentlich fließend – Szene in St. John's, Antigua

ESSEN & TRINKEN

MANGO'S (144 A6) (*D2*)
Frischen Fisch und gegrillte Köstlichkeiten genießen Sie hier in einem Pavillon direkt am Meer. *Nur abends, Di geschl. | Seaside Grill | Barnes Bay | Tel. 264 4 97 64 79 | €€–€€€*

STAW HAT (144 A6) (*D2*)
Strandbar bzw. -restaurant mit fangfrischem Fisch, Jerk Pork oder Goat Curry. Das knackige Gemüse und Obst wird im kleinen Garten hinterm Haus geerntet. Reservieren! *Frangipani Beach Club | Meads Bay | Tel. 264 4 97 83 00 | €€€*

STRÄNDE

Empfehlenswert sind die *Maundays Bay,* die gut zum Schnorcheln und Schwimmen geeignet ist (144 A6) (*D2*), die *Rendezvous Bay,* ein 2,5 km langer feiner, weißer Sandstrand (144 A–B6) (*D2*), und die **INSIDER TIPP** *Shoal Bay West,* hier

findet man die schönsten *conch shells* (144 A6) (*D2*).

AM ABEND

ELVIS' BEACH BAR (144 B6) (*D2*)
Der weltbeste Rumpunch wird auf einem Barboot serviert. Legendäre Vollmondpartys! *Sandy Ground | Tel. 264 7 72 06 37*

ÜBERNACHTEN

ALLAMANDA BEACH CLUB
(144 B5) (*D1*)
Bezahlbarer „Luxus" In einem Palmenwäldchen am Strand. Die kreative Küche hat einen legendären Ruf! *20 Zi. | Upper Shoal Bay Beach | Tel. 264 4 97 52 17 | www.allamanda.ai | €–€€*

INSIDER TIPP CAP JULUCA
(144 A6) (*D2*)
Das Gebäudeensemble ist ein Meisterwerk der Architektur mit Türmen, Rundbögen und kleinen Innenhöfen. Zum

Anwesen gehören zwei Strände und acht Villen mit allem Komfort. ● Luxuriöser Spa mit einem breiten Angebot an Anwendungen auch für Nicht-Gäste. *98 Zi. | Maundays Bay | Tel. 264 4 97 66 66 | www. capjuluca.com | €€€*

MALLIOUHANA ⭐ ☀
(144 A6) (*ⅉ D2*)

Das luxuriöse Hotel liegt auf einem Felsvorsprung mit Blick über das Meer. Der Name ist die alte Bezeichnung der Kariben für ihre Insel: eines der schönsten Häuser in der Karibik, vielleicht sogar eines der besten Beachhotels der Welt. Service, Essen und Einrichtung lassen keine Wünsche offen. Keine Kreditkarten. *55 Zi. | Meads Bay | Tel. 264 7 33 36 11 | www. malliouhana.aubergeresorts.com | €€€*

AUSKUNFT

ANGUILLA TOURIST OFFICE
(144 B6) (*ⅉ D1–2*)
Coronation Avenue | The Valley | Tel. 264 4 97 27 59 | ivisitanguilla.com

INSELN IN DER UMGEBUNG

DOG ISLAND (144 A5) (*ⅉ D1*)
Die Privatinsel liegt ca. 16 km nordwestlich von Anguilla. Auf ihr kann man Relikte früherer Siedlungen und die Ruine eines Farmhauses besichtigen.

SANDY ISLAND (144 A6) (*ⅉ D1–2*)
Einsames Inselchen mit nahezu unberührter Natur und schöner Lagune, eingebettet in ein großes Korallenriff. Fähre von *Sandy Ground Harbour* aus.

ANTIGUA

(146–147) (*ⅉ E–F3*) **Antigua ist die zentrale Insel der nördlichen Kleinen Antil-**len und die größte der Leeward Islands. Über Antigua erreicht man die meisten umliegenden Inseln mit der Fluggesellschaft Liat.

Seit Ende des 17. Jhs. war die Insel (70 000 Ew.) in britischem Besitz, und man findet keine französischen Einflüsse wie auf vielen der Windward Islands. Im 18. Jh. war Antigua der wichtigste Flottenstützpunkt der Briten in der Karibik. Seit 1981 ist die Insel eine selbstständige konstitutionelle Monarchie innerhalb

MARCO POLO HIGHLIGHTS

⭐ **Malliouhana**
Luxus pur: ein wirklich perfektes Hotel auf Anguilla
→ **S. 71**

⭐ **Nelson's Dockyard**
Antigua: Die Hafenanlagen aus dem 18. Jh. dienen heute als Freilichtmuseum
→ **S. 72**

⭐ **Curtain Bluff**
Antigua: Hotel und Restaurant sind über jede Kritik erhaben → **S. 75**

⭐ **Nisbet Plantation Beach Club**
Karibisches Idyll auf Nevis: wohnen unter Palmen
→ **S. 78**

⭐ **Brimstone Hill**
St. Kitts: Bei klarer Sicht hat man einen schönen Fünf-Insel-Blick → **S. 80**

⭐ **Ottley's Plantation**
Leben wie ein Zuckerpflanzer auf St. Kitts: von Alltagssorgen befreit → **S. 81**

Nelson's Dockyard: Freilichtmuseum und Seglertreff auf Antigua

des British Commonwealth, in der die englische Königin durch den *Governor General* vertreten wird. Während der Kolonialzeit war Antigua eine typische Zuckerinsel mit vielen Plantagen. Mancherorts sieht man heute noch die Reste jener steinernen Mühlen, in denen das Zuckerrohr gepresst wurde.

SEHENSWERTES

ENGLISH HARBOUR (147 D5) (*M F3*)

In einer geschützten Bucht an der Südküste fanden die Engländer im 18. Jh. einen idealen Ankerplatz für ihre Karibikflotte. Diese war hier sicher vor Stürmen und von den umliegenden Felsen herab auch leicht gegen Feinde zu verteidigen. Die Hafenanlagen sind heute eine große Touristenattraktion Antiguas, aber auch die Ruinen der nach dem damaligen

Gouverneur benannten Befestigungsanlagen *Shirley Heights* lohnen eine Besichtigung.

INSIDER TIPP ▶ FIG TREE DRIVE
(146–147 C–D5) (*M E–F3*)

Nördlich des Ortes Liberta nimmt man gegenüber der katholischen Kirche den Abzweig nach Westen und fährt auf der holprigen Straße durch den Regenwald. Die Straße führt zur Siedlung *Old Road* und dem Hotel *Curtain Bluff*. Sehenswert ist hier die reiche Vegetation.

NELSON'S DOCKYARD ⭐
(147 D5–6) (*M F3*)

Der spätere Sieger der Seeschlacht von Trafalgar diente hier als junger Offizier, und später war er Kommandant des Flottenstützpunkts, der jetzt seinen Namen trägt. Die gesamte Anlage ist heute ein Freilichtmuseum, in dem man alte Lagerhäuser und Werkstätten, Docks und Wohnräume besichtigen kann. Zum Teil sind sie auch zu Hotels oder Restaurants umgebaut worden. Nelson's Dockyard ist Ende April bis Anfang Mai auch Hauptquartier der INSIDER TIPP ▶ „Antigua Sailing Week", einer Regatta, die wahren Volksfestcharakter hat. *3,5 km südl. von English Harbour*

ST. JOHN'S (146 C3) (*M E3*)

 KARTE IM HINTEREN UMSCHLAG In der Hauptstadt St. John's an der Nordwestküste der Insel leben mehr als die Hälfte der Einwohner Antiguas (ca. 36 000). Die in den 1980er-Jahren restaurierten historischen Gebäude am Kreuzfahrtschiff-Hafen *Redcliffe Quay* und *Heritage Quay* täuschen darüber hinweg, dass der größere Teil von St. John's sanierungsbedürftig ist. Die *Kathedrale* von St. John's wurde ursprünglich 1681 erbaut, aber nach zwei verheerende Erdbeben 1845 in ihren jetzigen Zustand versetzt.

Besuchen bzw. besichtigen Sie die Kirche am Samstag, dann können Sie danach gleich einen Bummel über den benachbarten Markt anschließen *(Church/Long Street)*.

ESSEN & TRINKEN

COCONUT GROVE (146 C2) *(ᗉ E3)*

Zum Meer hin offenes Strandrestaurant des *Siboney* Hotels. Spezialität: Fisch und Meeresgetier. *Tgl. | Siboney Beach Club | Dickenson Bay | Tel. 268 4 62 15 38 | €€€*

CURTAIN BLUFF (146 C5) *(ᗉ E3)*

Hausherr Howard Hulford ist Liebhaber erlesener Weine. 50 000 Flaschen guter Lagen ruhen in seinem Keller. Das Essen des Schweizer Chefkochs passt zu den guten Weinen. Keine Kreditkarten. *Tgl., Juni–Okt. geschl. | Old Road | Carlisle Bay | Tel. 268 4 62 84 00 | €€€*

HOME (146 C3) *(ᗉ E3)*

Hier können Sie beste karibische Haute Cuisine in eleganter und freundlicher Atmosphäre genießen. *Tgl. | Luther George Place | Gambles Terrace | St. John's | Tel. 268 4 61 76 51 | €€*

ISLAND B-HIVE SPORTS ●

(146 C3) *(ᗉ E3)*

Hier werden köstliche Inselspezialitäten wie Goatwater (eine Art Irish Stew), Pumkin Soup (Kürbissuppe) oder Pepperpot (herzhafter Eintopf mit Rindfleisch) serviert! *Heritage Quay | St. John's | Tel. 268 4 81 13 22 | €€*

THE WARDROOM (147 D5) *(ᗉ F3)*

Das Restaurant des *Copper and Lumber Store Hotels* bietet eine phantastische Küche in gemütlicher und gediegener Atmosphäre. Das Interieur ist maritim angehaucht, die Restauranträume sind um einen kleinen Innenhof gruppiert. *Tgl. | Copper and Lumber Store | Nelson's Dockyard | Tel. 268 4 60 11 60 | €€€*

EINKAUFEN

Die Haupteinkaufsstraßen in St. John's (146 C3) *(ᗉ E3)* sind *St. Mary's, Long* und *High Street*. Samstag ist Markttag (am südlichen Ende der Market Street). Läden mit zollfreien Angeboten, Restaurants, Boutiquen und Bars finden Sie in den Einkaufskomplexen *Redcliff*- und *Heritage Quay*.

BUS FAHREN

Manchmal ist es schwierig, auf den Kleinen Antillen zwischen öffentlichen Bussen und Taxis zu unterscheiden. Große Linienbusse sind hier selten. Meist sind es japanische Kleinbusse, die in halsbrecherischer Fahrt die einzelnen Dörfer mit der Inselhauptstadt verbinden. Die Busse sind nicht nur ein billiges Verkehrsmittel, sondern auch eine Art Kommunikationsmittel, denn der Kontakt zu den Inselbewohnern ist schnell hergestellt – schon wegen des zwangsläufigen Körperkontakts zu den Mitreisenden während der rasanten Fahrt. Wenn man vom Busbahnhof in der Hauptstadt abfahren möchte, muss man sich damit abfinden, dass der Busfahrer wartet, bis sein Fahrzeug voll ist. Aber das kann einem – z. B. am Flugplatz – ohne weiteres auch mit einem Taxi passieren – und dann zahlt man dennoch den vollen Tarif.

ANTIGUA

Antiguas zerklüftete Küstenlinie bietet unzählige geschützte Buchten und Strände

FREIZEIT & SPORT

SIR VIVIAN RICHARDS CRICKET STADIUM ● (146 C3) (⊠ E3)

Der 2007 erbaute Cricket Ground wurde zum Cricket World Cup eingeweiht und bietet 10 000 Zuschauern Platz. Die Matches sind echte Volksfeste. *Sidney Walling Highway | St. John's*

STRÄNDE

CARLISLE BAY (146 C5) (⊠ E–F3)

Langer weißer Sandstrand, vor dem die Karibik und der Atlantik zusammentreffen. *Südöstlich von Old Road*

FIVE ISLANDS (146 B3) (⊠ E3)

Vier Strände gehören zum Hawksbill-Hotelkomplex; einer davon ist FKK-Strand. *Westlich von St. John's*

HALF MOON BAY (147 F5) (⊠ F3)

Ein idealer Strand zum Baden, Schnorcheln und Surfen. Und hier sieht man die **INSIDER TIPP** schönsten Sonnenaufgänge – wenn Sie es schaffen, um 6 Uhr aufzustehen. *Südöstlich von Freetown an der Atlantikseite*

AM ABEND

CASINO IM ST. JAMES CLUB ● (147 E5) (⊠ F3)

Roulette, Black Jack und anderes mehr. *Tgl. ab 21 Uhr | Mamora Bay | Tel. 268 4 60 50 00*

THE COAST (146 C3) (⊠ E3)

Derzeit die hippste Disko der Insel mit Techno und House. *Mi–So | Eintritt US $ 10 | Heritage Quay | St. John's | Tel. 268 5 62 26 78*

SHIRLEY HEIGHTS LOOKOUT ● ☼ (147 D6) (⊠ F3)

Restaurant und Pub mit sonntäglichen Grillabenden, Musik und Tanz. Ein abendlicher Cocktail und der Blick aufs Meer erwärmen das Herz. *Tel. 268 7 28 06 36*

reguliert die Temperatur. Howard Hulford hat neben seiner guten Weinkarte auch eine Vorliebe für Tennis. Die Plätze sind in Top-Zustand. Keine Kreditkarten. *67 Zi. | Old Road | Carlisle Bay | Tel. 268 4 62 84 00 | www.curtainbluff.com | €€€*

INSIDER TIPP OCEAN INN �░
(147 D5) (𝄞 E–F3)
Bed & Breakfast mit schönem Blick auf English Harbour. Das kleine Hotel hat einen Pool und „nistet" in einem tropischen Garten. *6 Zi. | English Harbour | Tel. 268 4 63 79 50 | www.oceaninn.com | €€*

AUSKUNFT

ANTIGUA AND BARBUDA DEPARTMENT OF TOURISM (146 C3) (𝄞 E3)
Queen Elizabeth Highway | St. John's | Tel. 268 4 62 04 80 | www.antigua-barbuda.org

ÜBERNACHTEN

ADMIRAL'S INN (147 D5–6) (𝄞 F3)
Ehemaliges Lager- und Bürohaus aus dem 18. Jh. Einfach, aber geschmackvoll. Für Badelustige gibt's einen Bootsservice zur Freeman's Bay. *14 Zi. | Nelson's Dockyard | Tel. 268 4 60 10 27 | www.admiralsantigua.com | €€*

INSIDER TIPP COPPER AND LUMBER STORE HOTEL (147 D5–6) (𝄞 F3)
Im historischen Nelson's Dockyard. Very british, antike Zimmereinrichtungen mit englischen Stilmöbeln. *14 Zi. | English Harbour | Tel. 268 4 60 11 60 | www.copperandlumberhotel.com | €€–€€€*

CURTAIN BLUFF ⭐ �░
(146 C5) (𝄞 E–F3)
Für anspruchsvolle Gäste ist *Curtain Bluff* das Karibikhotel schlechthin. Die Lage auf einem Felssporn erlaubt Meerblick von jedem Zimmer aus und den Verzicht auf Klimaanlagen, denn eine Seebrise

INSEL IN DER UMGEBUNG

BARBUDA (146 A–B 1–2) (𝄞 E–F2)
Etwa 50 km nördlich von Antigua liegt die flache, gut 160 km² große Koralleninsel Barbuda, auf der ca. 1500 Menschen leben. Das Hauptdorf *Codrington* ist nach einem reichen Pflanzer aus Antigua benannt, der im 18. Jh. die ganze Insel gepachtet hatte und auf ihr Viehzucht betrieb und sich auch in der Zucht von Sklaven versuchte. Die meisten Einwohner Barbudas stammen von diesen Sklaven ab. Zu besichtigen gibt es lediglich eine kleine Befestigungsanlage, den *Martello Tower* aus dem frühen 19. Jh.

MONTSERRAT

(0) (𝄞 E3) **Viele der Einwohner (ca. 6000) stammen von irischen Katholiken ab, die sich im Laufe der Jahrhun-**

derte hier niederließen, auf der Flucht vor religiöser Verfolgung in anderen englischen Kolonien oder in ihrer Heimat. **Noch heute sind irische Familien- und Ortsnamen auf der Insel häufig, auch die Umgangssprache ist mit irischen Ausdrücken und Redewendungen durchsetzt.**

Soufrière (das Tal des Soufrière). Im Juni des gleichen Jahres gab es eine gewaltige Eruption, bei der 19 Menschen getötet und viele andere obdachlos wurden. Allein sieben Dörfer wurden völlig zerstört. Im August 1997 fing die Hauptstadt Plymouth als Folge einer glühenden Lavadusche Feuer und brannte vollständig

Unberechenbar: Der Vulkan La Soufrière auf Montserrat gibt keine Ruhe

Montserrat galt daher als das Irland der Karibik, als „The Emerald Isle". Aber die Insel ist nicht mehr grün. Nachdem sie sich von den schweren Schäden, die ihr Hurrikan Hugo 1989 zugefügt hatte – 95 Prozent aller Gebäude wurden ganz oder teilweise zerstört –, langsam zu erholen begann, wurde sie Opfer einer neuen Naturkatastrophe: 1995 mussten die Bewohner des Inselsüdens auf die umliegenden Inseln und in Montserrats Norden evakuiert werden, weil der Vulkan La Soufrière immer wieder Schwefel und Asche spie. Anfang 1997 zerstörten zwei aufeinander folgende Lavaströme die Great Alps Waterfalls und Galways

aus. Heute sieht alles aus wie eine karge Mondlandschaft.

Die Einwohner bemühen sich allerdings, mit finanzieller Hilfe von Großbritannien alles wieder aufzubauen, obwohl der Vulkan noch aktiv ist und es von Zeit zu Zeit immer wieder zu Unruhen kommt. Von einer Reise nach Montserrat ist daher vorerst eher abzuraten. Es wird wohl noch einige Jahre dauern, bis die touristische Infrastruktur wiederhergestellt ist. Auskunft über den Stand der Dinge erhält man beim *Montserrat Visitor Centre (E. K. Osbourne Boulevard | Little Bay | Tel. 664 4 91 47 00 | www. visitmontserrat.com).*

NEVIS

(145 D–F 1–3) *(🗺 E3)* **Als Kolumbus auf seiner zweiten Reise im Jahre 1493 die Insel sichtete, erinnerten ihn die Wolken, die sich um den Gipfel des Berges gesammelt hatten, an Schnee. Deshalb nannte er die Insel „Nuestra Señora de las Nieves" – Unsere Herrin des Schnees. Im Laufe der Zeit wurde aus „Nieves" der Name Nevis, die Wolken aber blieben, und es gibt kaum einen Tag, an dem der fast 1000 m hohe Nevis Peak nicht sein Haupt verhüllt.**

St. Kitts und Nevis, die beiden Inseln, aus denen der gleichnamige Staat besteht (zusammen ca. 47 000 Ew.), sind nur durch einen schmalen Wasserkanal getrennt, dennoch ist auf jeder Insel der Lokalpatriotismus groß: Entweder lebt man auf St. Kitts oder auf Nevis, keinesfalls auf „St. Kitts and Nevis". Bei einer Volksabstimmung in Nevis stimmten 1998 62,2 Prozent der Stimmberechtigten für die Unabhängigkeit von der Schwesterinsel. Damit haben sie ihre „Freiheit" (noch) nicht erlangt, aber ein deutliches Zeichen ihrer Gesinnung gesetzt.

Nevis (ca. 12 000 Ew.) hat gleichwohl vieles mit seiner größeren Nachbarinsel St. Kitts gemein. Auch hier war der Zucker lange Zeit König, auch hier machte sich der Preisverfall dieses Exportguts bemerkbar, und ebenso spielt hier der Tourismus eine weitaus geringere Rolle als auf den anderen Inseln der Kleinen Antillen. Die bedeutendsten Unterschiede sind, dass heute auf Nevis überhaupt kein Zucker mehr angebaut wird und dass die Franzosen nie ernsthaft versucht haben, auf der Insel Fuß zu fassen, weshalb ihr die blutigen Kämpfe, die im 18. Jh. auf St. Kitts stattfanden, weitgehend erspart blieben.

Ein historisches Ereignis spielte sich jedoch auf der Insel ab: Horatio Nelson, der Kommandant des britischen Flottenstützpunktes auf Antigua, heiratete hier im Jahre 1787 die junge Witwe Frances Nisbet. Obwohl er zuvor den Handel der Pflanzer mit den gerade unabhängig gewordenen USA bekämpft hatte, waren doch alle Honoratioren der Insel bei der Trauung anwesend. Vielleicht spielte dabei eine Rolle, dass Nelsons Freund Prince William, der englische Thronfolger, Trauzeuge war.

SEHENSWERTES

CHARLESTOWN (145 D2) *(🗺 E3)*
Wenn Basseterre auf St. Kitts schon wie eine Zeitreise in die Vergangenheit der Karibik wirkt, dann zeigt der größte Ort (ca. 1800 Ew.) auf Nevis die Zeitlosigkeit

LOW BUDG€T

Auf Antigua ist das *Waterfront Hostel* ein sauberes Haus mit Blick auf die Yachtclub-Marina. *10 Zi. | US $ 45–65 | Falmouth Harbour | Tel. 268 4 60 65 75*

Die besten und preiswertesten *rotis* auf Antigua gibt's bei *Roti King.* Mittags trifft sich hier alles, vom Rastamann bis zum Polizisten. *St. Mary's St | Tel. 286 4 62 23 28*

Das *Sea Spawn Guesthouse* auf Nevis liegt zwischen Städtchen und Strand und ist einfach, aber sauber. Preise lassen sich, je nach Dauer des Aufenthalts, verhandeln. *18 Zi. | US$ 40–60 | Charlestown | Tel. 869 4 69 52 39*

dieser kleinen Inseln. Schwer vorzustellen, dass hier jemals etwas Aufregendes passiert. Auf einem Spaziergang können Sie sich einige der schönen Bauten englischer Kolonialarchitektur ansehen, z. B. in der *Government Street*. Gegenüber erinnert der *Jüdische Friedhof* an die Zeit, als aus Brasilien geflohene Juden im 17./18. Jh. auf Nevis eine große Gemeinde bildeten. In der *Gallows Bay* (hier wurden früher Piraten am Galgen aufgeknüpft) gehen hin und wieder die Bootsbauer noch ihrem traditionellen Handwerk nach.

NELSON MUSEUM (145 E3) (*E3*)

Das Museum zeigt eine Reihe von Gegenständen, die im Leben von Horatio Nelson und seiner Frau eine Rolle gespielt haben: z. B. die Teller, die aus England eigens für die Hochzeit hergeschafft wurden. *Mo–Fr 9–16, Sa 9–12 Uhr | Eintritt US $ 5 | Belle Vue*

ST. JOHN'S CHURCH (145 E3) (*E3*)

Hier wird die Hochzeitsurkunde von Horatio Nelson und Frances Nisbet aus dem Jahr 1787 aufbewahrt. *Fig Tree, etwa 3 km von Charlestown entfernt*

INSIDER TIPP ► OUALIE BEACH CLUB (145 E1) (*E3*)

Hier werden gute Suppen, Salate und frischer Fisch serviert. Pub und Strandrestaurant. Es gibt auch Wassersportmöglichkeiten und eine Boutique. *Tgl. | Oualie Beach | Tel. 869 4 69 97 35 | €€*

FREIZEIT & SPORT

SCUBA SAFARIS (145 E1) (*E3*)

Der Club bietet verschiedene Wassersportarten an. *Oualie Bay | Tel. 869 4 69 95 18 | www.scubanevis.com*

ÜBERNACHTEN

INSIDER TIPP ► GOLDEN ROCK PLANTATION ☼ (145 E3) (*E3*)

Das Plantagenhaus aus dem 18. Jh. liegt bezaubernd am Fuß des Nevis Peak in den Bergen und eröffnet herrliche Blicke. Die alte Windmühle wurde zu einem „Honeymoon-Apartment" ausgebaut. *16 Zi. | Gingerland | Tel. 869 4 69 33 46 | www.goldenrocknevis.com | €€*

MONTPELIER PLANTATION INN (145 E3) (*E3*)

Hier haben Horatio Nelson und Frances Nisbet 1787 geheiratet. Stilvolle Anlage mit Pool und Privatstrand. Keine Kreditkarten. *19 Zi. | Charlestown | Tel. 869 4 69 34 62 | www.montpeliernevis.com | €€€*

NISBET PLANTATION BEACH CLUB (145 E1) (*E3*)

Das schöne Haupthaus des Hotels war nicht das Wohnhaus von Frances Nisbet, es wurde erst nach ihrer Zeit erbaut. Auf der weitläufigen Rasenfläche, die sanft zum Strand hinabführt, stehen zwischen Palmen die Gästebungalows. ● Sehr stilvoll für eine original englische Tea Time. *36 Zi. | Newcastle Beach | Tel. 869 4 69 93 25 | www.nisbetplantation.com | €€€*

AUSKUNFT

TOURISM OFFICE (145 D2) (*E3*)

Main Street | Charlestown | Tel. 869 4 69 75 51 | www.nevisisland.com

ST. KITTS

(144–145) (*D–E 2–3*) **St. Kitts wird die „Mutterkolonie der Westindischen Inseln" genannt. Eigentlich heißt die**

Ein Fischerdorf als Hauptstadt: Basseterre auf St. Kitts

größere der beiden Inseln St. Kitts and Nevis ja St. Christopher, aber dieser Name wird kaum benutzt – außer vielleicht in höchst offiziellen Dokumenten. Die Geschichte der Insel ähnelt der vieler britischer Kolonien in dieser Region. Ihre vollkommene Unabhängigkeit erreichte sie erst 1983. Der Zucker spielt bis heute auf St. Kitts eine viel größere Rolle als auf den anderen ehemaligen Zuckerinseln. Heute bietet die Insel (ca. 35 000 Ew.) einem ankommenden Kreuzfahrtschiff kaum ein anderes Bild, als es sich im 18. Jh. den Segelschiffen gezeigt haben mag: Grüne Zuckerrohrfelder ziehen sich von der Küste die Berge hinauf, weiße, mit Palmen besetzte Strände und verstreute Fischerdörfer säumen die Küste der Vulkaninsel. Ihre Hauptstadt Basseterre ist ein Glanzstück kolonialer Architektur mit schönen viktorianischen Bauten und großzügig angelegten Parks. Der Touris-

mus ist hier noch nicht so weit entwickelt wie auf vielen anderen Inseln. Wer aber auf vordergründige Attraktionen wie zollfreien Einkauf verzichten und einen ruhigen Urlaub in üppiger Natur verbringen möchte, wer gerne Golf spielt oder ausgedehnte Wanderungen durch den Regenwald unternimmt, der ist auf St. Kitts gut aufgehoben.

SEHENSWERTES

BASSETERRE (144 C4) (*M* E3)
Die Hauptstadt (ca. 15 000 Ew.) von St. Kitts liegt im südlichen, ehemals französischen Teil der Insel und zeigt sich heute von ihrer liebenswürdigsten Seite. Große Teile der Stadt wurden 1867 in einem Feuersturm zerstört. Die nach dem Brand neu errichteten Gebäude prägen noch heute das Gesicht der Stadt: karibische Viktorianik.

Blick von der Festung Brimstone Hill auf die Südwestküste von St. Kitts

BRIMSTONE HILL ⭐ ☙
(144 A3) (𝄞 D2)

Die ab 1690 erbaute Festung Brimstone Hill liegt an der Westküste im mittleren, ehemals britischen Teil der Insel auf einem 250 m hohen Hügel. In den Barackenräumen werden heute Ausstellungen zur Geschichte der Festung präsentiert. *Tgl. 9.30–17.30 Uhr | Eintritt US$ 8*

ST. KITTS SCENIC RAILWAY

Erkunden Sie St. Kitts an Bord des doppelstöckigen *Sugar Train*: In vierstündiger Fahrt geht's auf den alten Schienen der Zuckerrohrbahn am Mount Liamuiga, entlegenen Dörfern und den Küsten vorbei. *Ab Needsmust Station (nahe Flughafen), wechselnde Zeiten | US$ 89 | Tel. 869 4657263 | www.stkittsscenicrailway.com*

ESSEN & TRINKEN

BALLAHOO ☙ (144 C4) (𝄞 E3)

Restaurant im 1. Stock des alten Steingebäudes direkt am Circus. Bei gutem kreolischem Essen und sehr zivilen Preisen hat man hier alles gut im Blick. *So geschl. | Fort St. Basseterre | Tel. 869 465419/ | €–€€*

FISHERMAN'S WHARF
(144 C4) (𝄞 E3)

Lässiger Grill mit maritimem Dekor. Gute Conch Chowder, frischer Lobster, Shrimps. Am Wochenende Livebands oder Karaoke. *Ocean Terrace Inn | Fortlands | Basseterre | Tel. 869 4652754 | €€*

MARSHALL'S ☙ (145 D4) (𝄞 E3)

Romantisches Dinner am Pool und mit Meerblick. Internationale Kompositionen, z.B. gegrillter Schwertfisch mit Passionsfruchtbutter. Die Zutaten sind gartenfrisch. *Horizons Villa Resort | Frigate Bay | Tel. 869 4668245 | €€–€€€*

INSIDER TIPP ▶ REGGAE BEACH BAR & GRILL (145 E6) (𝄞 E3)

Fisch und Meeresgetier. Auch gute vegetarische Gerichte. Nebenbei können Sie schnorcheln, Kajak fahren und sonnenbaden. Mit Glück kann man in der

Zeit von April bis Juli am Strand schlüpfende Meeresschildkröten beobachten. Kein Dinner. *Cocklesshell Bay | Tel. 8697625050 | €€€*

FREIZEIT & SPORT

GREG'S SAFARI
Organisierte Wanderungen, u. a. auf den *Mount Liamuiga,* den höchsten Berg der Insel. *Tel. 8694654121*

KENNETH'S DIVE CENTER
(144 C4) (*ɯ D–E3*)
Tauchschule von Kenneth Samuel. *Bay Road East | Tel. 869 4 65 26 70*

STRÄNDE

Die besten Strände sind *Frigate* (145 D5) (*ɯ E3*), *Mosquito* (145 E5) (*ɯ E3*) und *Turtle Bay* (145 E5–6) (*ɯ E3*).

AM ABEND

BOB & ELVIS THE PARTYBUS
Ausgeflippte Partys in einem fahrenden Psychodelic-Bus. Termine im Netz abrufen. *Frigate Bay | Tel. 8694668110 | www.caribbeanjourneymasters.com*

SHIGGIDY SHACK (145 D4–5) (*ɯ E3*)
Lagerfeuerpartys, Feuerschlucker, Karaoke und Livebands direkt am Strand. *Frigate Bay | Tel. 8694668110*

ÜBERNACHTEN

BIRD ROCK BEACH HOTEL ⚘
(144 C4) (*ɯ E3*)
Das ruhige kleine Haus thront auf einem Hügel südöstlich von Basseterre. Von den Balkonen der Zimmer aus blickt man weit übers Meer bis nach Nevis. *46 Zi. | Basseterre | Tel. 869 4 65 89 14 | www. birdrockbeach.com | €–€€*

OCEAN TERRACE INN (OTI) ⚘
(144 C4) (*ɯ E3*)
Freundliches Hotel an Basseterres Uferpromenade. Ein schöner Garten, zwei Pools, großzügige Zimmer und der wunderbare Blick auf den Hafen von Basseterre sorgen dafür, dass Sie sich hier wohlfühlen werden. *71 Zi. | Basseterre | Tel. 8694652754 | www. oceanterraceinn.com | €€*

OTTLEY'S PLANTATION ★
(144 C3) (*ɯ E2*)
Das *Ottley's* vermittelt einen guten Eindruck vom damaligen Leben eines wohlhabenden Plantagenbesitzers: angenehme Umgebung, paradiesische Ruhe, dienstbare Geister. Keine Kreditkarten. *24 Zi. | Ottley's | Tel.8694657234 | www. ottleys.com | €€€*

SEA VIEW INN ⚘ (144 C4) (*ɯ E3*)
Einfaches, kleines Hotel im 1. Stock direkt an der Hafenstraße. Vom hauseigenen Restaurant aus haben Sie einen schönen Blick aufs Meer und auf Nevis. *10 Zi. | Bay Road | Basseterre | Tel. 869 4 66 16 35 | €*

TIMOTHY BEACH RESORT
(145 D4) (*ɯ E3*)
Ruhiges Resort in toller Lage direkt am karibischen Meer (nach Westen). Vom Pool aus, wo sich manchmal Affen tummeln, kann man eine Treppe zum Meer hinuntergehen. *60 Apts. | South Frigate Bay | Tel. 8694658597 | www.timothy beach.com | €€*

AUSKUNFT

DEPARTMENT OF TOURISM
(144 C4) (*ɯ E3*)
Pelican Mall | Bay Road | P. O. Box 132 | Basseterre | Tel. 869 4654040 | www. stkittstourism.kn

NIEDERLÄNDISCHE ANTILLEN

Die Inseln Saba, Sint Eustatius und Sint Maarten bilden die nördliche Gruppe der Niederländischen Antillen, die südliche, eher zu Südamerika gehörende Gruppe – Aruba, Bonaire und Curaçao – liegt fast 900 km entfernt vor der Küste Venezuelas.

Die Niederländischen Antillen sind seit dem 10. Oktober 2010 ein eigenständiges Land innerhalb des Königreichs der Niederlande. Alle drei Inseln verfügen kaum über Rohstoffe, auch der landwirtschaftliche Ertrag ist gering. Deshalb wird für die Urlauber viel getan, denn schließlich bringen sie das Geld ins Land. Zudem ist Sint Maarten eine „Offshore-Zone". Die Firmen, die exklusiv auf der Insel Geschäfte betreiben, sind von Steuern und Zoll befreit. Mit dem Status des Frei-

hafens hat Sint Maarten eine zusätzliche Attraktion für Einkaufsfreunde zu bieten: Tabak und Spirituosen, aber auch Uhren, Parfüm und Elektroartikel gibt es hier zu Schnäppchenpreisen.

SABA

(142 A–C 1–3) (*D2*) **Der erloschene Vulkan, aus dem die Insel Saba hervorgegangen ist, erhebt sich zu einer stolzen Höhe von fast 900 m. Diesen Berg können die Holländer allerdings erst seit 1812 ihr Eigen nennen, vorher wechselte die Insel zwölfmal die europäischen Besitzer.**

Saba (heute ca. 1500 Ew.) wurde im Lauf seiner Geschichte von der französischen,

Der Kleinstaat einmal anders: Tauchen, Shopping, amerikanische Resorts in den karibischen Niederlanden

spanischen, englischen und holländischen Kultur beeinflusst.

Saba ist eine Attraktion für alle, die gerne tauchen und schnorcheln. Die weitgehend unberührten Tauchgebiete um die Insel herum – mit Korallenhainen, Felsenhöhlen und Riffen – sind zum ⭐ *Naturpark unter Wasser (www.sabapark. org)* erklärt worden. Die Parkverwaltung wie auch die Tauchveranstalter achten deshalb sehr darauf, dass die Vorschriften, z. B. das Anlegen an den richtigen Ankerplätzen, eingehalten werden.

SEHENSWERTES

THE BOTTOM (142 A2) (*📖 D2*)
Der Verwaltungssitz der Insel liegt nicht „ganz unten", sondern 250 m hoch. Die holländischen Häuschen mit ihren roten Dächern und Vorgärten wirken schon etwas seltsam, so mitten in der Karibik.

MT. SCENERY ☘ (142 B2) (*📖 D2*)
Die Inselbewohner nennen den Berg in der Inselmitte „The Mountain". Von *Windwardside* aus können Sie den 887 m

Urwaldvegetation auf dem Weg zum
Vulkankrater The Quill (Sint Eustatius)

hohen Gipfel des Vulkans über Steintreppen erklimmen.

ESSEN & TRINKEN

BRIGADOON (142 A2) (⊞ D2)
Lobster, Falafel, Sushi: Michael Chammaa
steckt die Welt in den Topf, und Trisha verbreitet gute Laune. *Di geschl., nur abends |
Windwardside | Tel. 559 4 16 23 80 | €--€€*

QUEEN'S GARDENS RESTAURANT
(142 A2) (⊞ D2)
Französische Küche mit karibischem Flair.
*Nur Dinner, Mo geschl. | Queen's Gardens
Resort | Troy Hill | Tel. 599 41 63 94 | €€*

EINKAUFEN

Saba Lace (feine Spitze) und *Saba Spice*
(Rum) sind die Spezialitäten der Insel.
Erhältlich sind die Spitzenarbeiten bei
Saba Artisan Foundation und *Saba Lace
Boutique Shop,* beide *Windwardside*
(142 B2) (⊞ D2).

ÜBERNACHTEN

INSIDER TIPP ▶ EL MOMO COTTAGES ☀
(142 A2) (⊞ D2)
Kleine Hütten schmiegen sich an einen
tropisch bewachsenen Hügel und bieten
exzellente Blicke auf die Insel und das
Meer. Sauber, freundlich, phantastisches
Frühstück, Pool und schöner Garten. Besonders günstig die Budget-Cottages
ohne eigenes Badezimmer. *7 Zi. | Booby
Hill | Tel. 599 4 16 22 65 | www.elmomo
cottages.com | €*

QUEEN'S GARDENS RESORT
(142 A2) (⊞ D2)
Nettes, kleines Haus im holländischen
Kolonialstil, kombiniert mit indonesischer Einrichtung. *12 Zi. | Troy Hill | Tel.
599 4 16 34 94 | www.queensaba.com |
€€€*

SCOUT'S PLACE (142 B2) (⊞ D2)
Einst das im typischen Landesstil gebaute
Gästehaus der Regierung, residiert heute
hier die Tauchbasis der Insel. Basis und
Hotel stehen unter deutscher Leitung
und werden sehr persönlich geführt. *13
Zi. | Windwardside | Tel. 599 4 16 27 40 |
www.scoutsplace.com | €*

AUSKUNFT

SABA TOURIST OFFICE
(142 B2) (⊞ D2)
*Windwardside | Tel. 599 4 16 22 31 | www.
sabatourism.com*

SINT EUSTATIUS

(142 A–C 4–6) *(⊓ D2)* **Kolumbus taufte die Insel St. Anastasia, Sint Eustatius (3400 Ew.) wurde sie erst später von den Holländern genannt. Heute sagen alle nur „Statia". Die Besitzer der Insel wechselten 22 Mal, bevor die Holländer 1816 ihre Ansprüche endgültig geltend machen konnten.**

Im 18. Jh. war Statia ein wohlhabender Handelsstützpunkt im Warenverkehr zwischen Europa, Afrika, der Karibik und Nordamerika. Heute ist die nur 31 km² große Miniinsel ein Geheimtipp vor allem für Taucher und Wanderer. Die vorgelagerten Korallenriffe sind Tummelplätze der buntesten Fische. Die Wanderwege hinauf zum Krater des Vulkans führen durch Regenwälder mit Farnen, Mahagonibäumen, Hibiskus- und Oleandersträuchern. Für den 45-minütigen Aufstieg benötigt man eine Wandermarke vom Tourist Office *(Fort Oranje | Tel. 599 3 18 24 33).*

SEHENSWERTES

FORT ORANJE ⚓ (142 A5) *(⊓ D2)*
Von der Festung über Oranjestad hat man einen herrlichen Blick aufs Meer. Hier wurden 1776 die ersten Salutschüsse für ein amerikanisches Schiff nach Gründung der USA abgefeuert, vielleicht sogar aus den Kanonen, die man noch heute sieht.

ORANJESTAD (142 A5) *(⊓ D2)*
In der Oberstadt gibt es noch einige schöne Gebäude aus der niederländischen Kolonialzeit, z. B. das *De-Graaff-Huis* und *Three Widows Corner.* Im ehemaligen Hafengebiet der Unterstadt können Sie einen Blick in die alten Lagerhäuser aus dieser Zeit werfen.

THE QUILL ⭐ (142 B6) *(⊓ D2)*
Der Krater des erloschenen Vulkans hat einen Durchmesser von über 500 m. Wenn der Mond in klaren Nächten hell scheint, fangen die Einheimischen hier Landkrebse. Der Aufstieg dauert etwa drei Stunden.

RUINEN DER SYNAGOGE
(142 B6) *(⊓ D2)*
Die gelben Steinmauern der *Honen Dalim,* der 1739 erbauten, zweitältesten Synagoge der westlichen Hemisphäre, werden seit 2001 als Teil des „Historic Core Restoration Project" instandgesetzt. 50 m südlich schließen sich die Ruinen eines jüdischen Friedhofs an. *Oranjestad*

ST. EUSTATIUS HISTORICAL FOUNDATION MUSEUM
(142 A5) *(⊓ D2)*
Ausstellungen aus der indianischen Zeit und dem 17./18. Jh., der „goldenen Zeit"

⭐ **Naturpark Saba**
Die Gewässer rund um die Insel sind Naturschutzgebiet und Taucherparadies → S. 83

⭐ **The Quill**
Krebse fangen bei Mondschein: verwunschener Vulkankrater auf Sint Eustatius → S. 85

⭐ **The Pasanggrahan Royal Guest House**
Sie wohnen hier wie einst die Königin der Niederlande, denn das kleine Stadthotel auf Sint Maarten war früher einmal ihr persönliches Gästehaus → S. 89

MARCO POLO HIGHLIGHTS

Statias. *Mo–Fr 9–17, Sa/So 9–12 Uhr | Eintritt US$3 | Simon Doncker House | Oranjestad*

ESSEN & TRINKEN

BLUE BEAD BAR (142 A5) (*D2*)
Westindische und indonesische Küche wird zwischen Ruinen aus dem 18. Jh. direkt am Meer serviert. *Mo geschl. | Gallows Bay | Tel. 599 3 18 28 73 | €–€€*

OCEAN VIEW TERRACE ☼
(142 A5) (*D2*)
Von der Terrasse aus hat man einen vortrefflichen Blick auf Fort Oranje. Sehr gut sind die **INSIDER TIPP** *shrimps creole!* *Tgl. | Governer's Guest House | Tel. 599 3 18 29 34 | €–€€*

STRÄNDE

Die Strände an der Ostküste sind zwar wunderschön, aber Vorsicht: Gefährliche Strömungen machen den Wasserspaß an vielen Stellen zum russischen Roulette! Informieren Sie sich vorab bei den Einheimischen. Gute Badestrände sind die *Corre Corre Bay* (142 C5) (*D2*) und *Smoke Allay Beach* (142 A5) (*D2*).

AM ABEND

SMOKEY ALLEY BAR & GRILL
(142 A5) (*D2*)
Beachclub mit Livemusik freitagnachts. *So geschl. | Bay Road | Lower Town*

ÜBERNACHTEN

INSIDER TIPP KING'S WELL HOTEL ☼
(142 A5) (*D2*)
Das kleine Hotel thront auf den Klippen zwischen Upper und Lower Town. Vor allem Taucher und Segler fühlen sich hier pudelwohl. Die etwas teureren Zimmer haben einen tollen Meerblick. *11 Zi. | Bay Road | Lower Town | Oranjestad | Tel. 599 3 18 25 38 | www.kingswellstatia.com | €–€€*

INSIDER TIPP STATIA LODGE ☼
(142 A5) (*D2*)
Die gemütlichen Holzbungalows schmiegen sich an einen Hügel von Oranjestad. Von den Patios aus hat man einen umwerfenden Blick auf die Nachbarinseln St. Kitts und Nevis und den Vulkan *The Quill*. Teakholz, Steinfliesen und Deckenventilatoren runden das karibische Ambiente ab. Leider gibt's kein Restaurant, dafür hat jedes Häuschen einen eigenen Motorroller. *10 Zi. | White Wall | Tel. 599 3 18 19 00 | www.statialodge.com | €€*

AUSKUNFT

SINT EUSTATIUS TOURIST OFFICE
(143 E5) (*D2*)
3 Fort Oranje | Tel. 599 3 18 24 33 | www.statiatourism.com

SINT MAARTEN

(143) (*D2*) **Sint Maarten teilt sich mit seinem französischen Nachbarn St-Martin (s. S. 66) die Insel. Diese Verbindung ist weltweit die kleinste geografische Einheit, auf der zwei Nationalstaaten friedlich nebeneinander leben.**

Der niederländische Teil (41 000 Ew.) ist etwas kleiner als der französische und liegt im Süden der Insel. Sint Maarten ist die wohlhabendste der Niederländischen Antillen. Das hat man sich allerdings durch eine extensive Bebauung für den Tourismus erkauft: mit großen Hotelanlagen nach US-Muster, Restaurants, Bars, Kasinos.

Oldtimer als Blickfang: Einkaufsstraße in Philipsburg, Sint Maarten

SEHENSWERTES

PHILIPSBURG (143 E–F5) (*M D2*)

Die Hauptstadt liegt auf einer Landbrücke zwischen der Groot Baai und dem Great Salt Pond. Parallel zum Wasser verlaufen die Hauptstraßen *Front Street* und *Achterstraat.* Front Street ist die Einkaufsmeile mit Dutyfreeshops, Restaurants, Spielkasinos. Sehenswert ist das alte niederländische *Gerichtsgebäude.*

ST. MAARTEN PARK (143 D4) (*M D2*)

Ein Muss für Kinder! Ein kleiner Zoo mit karibischen und südamerikanischen Tieren und Pflanzen wie Moschusschweinen oder Lisztaffen. Eine Fledermaushöhle beherbergt eine Familie von Flughunden. *Tgl. 9–17 Uhr | Eintritt US $ 10 | Madame Estate, Arch Road | Philipsburg*

WATHEY SQUARE (143 D4) (*M D2*)

Der Platz bildet das Herz von Philipsburg. Seine holländischen Gebäude, wie das Rathaus und das Gericht, stammen aus dem 18. Jh. Die Hotels, Restaurants und Dutyfree-Shops wurden nach und nach um den Platz herum erbaut. *Philipsburg*

ESSEN & TRINKEN

L'ESCARGOT 🌿 (143 E5) (*M D2*)

Provençalische Küche mit karibischem Einschlag wird auf der Rundumterrasse des farbenfrohen Gingerbread-Hauses serviert. Neben den namensgebenden Schnecken gibt's auch andere Köstlichkeiten! *Front St. | Philipsburg | Tel. 721 5 42 24 83 | €€€*

OCEAN LOUNGE (143 D4) (*M D2*)

Auf der luftigen Veranda genießt man leckeres Sushi oder Pasta, probiert einen der fancy Cocktails und schaut sich dazu an, was und wer hier alles so vorbeischlendert ... *Holland House Beach Hotel | Front Street | Philipsburg | Tel. 721 5 42 25 72 | €€€*

Sonnenbaden und Flieger gucken am Strand der Maho Bay

TOP CARROT (143 D4) (*D2*)
Hier gibt es vegetarische Köstlichkeiten und Fischgerichte, auch Müsli- und Joghurtspezialitäten. *Kein Dinner, So geschl. | Airport Road | Simpson Bay | Tel. 721 5 44 33 81 | €*

EINKAUFEN

FRONT STREET (143 E–F5) (*D2*)
In der Front Street reihen sich die zollfreien Läden nahtlos aneinander. Philipsburg ist neben Charlotte Amalie auf St. Thomas in den US Virgin Islands der bekannteste Dutyfreehafen der nördlichen Karibik, denn hier gibt es (fast) alles zu kaufen, was das Herz von Shopping Victims begehrt.

GUAVABERRY EMPORIUM
(143 D4) (*D2*)
Hier wird der seltene Guavaberry-Likör hergestellt. Die Früchte werden jedes Jahr zur Weihnachtszeit geerntet, und deren vergorener Saft wird dann als bitter-süßes, rumhaltiges Nationalgetränk in viereckigen Flaschen verkauft.

Ein originelles Mitbringsel für die Lieben daheim. Aber probieren Sie vorher mal, ob Ihnen das überhaupt schmeckt! *8–10 Front St. | Philipsburg*

SHIPWRECK SHOP (143 D4) (*D2*)
Der „Schiffbruchladen" hat ein breites Sortiment: Sint Maartens erste Adresse für Souvenirs, Kleidung, Bücher, Hängematten, Schmuck und vieles mehr. *15 und 34 Front St. | Philipsburg*

FREIZEIT & SPORT

OCEAN EXPLORERES (143 F5) (*D2*)
Der Spezialist für alle Aktivitäten auf und unter Wasser: Tauchen, Bootsverleih, Exkursionen. *Simpson Bay Beach | Tel. 721 5 44 52 52*

STRÄNDE

Neben dem Stadtstrand von Philipsburg sind auch die Strände in der *Maho Bay* (143 D4) (*D2*) und in der *Mullet Bay* (143 D4) (*D2*) auf der Landzunge Lowlands sehr schön. Der beste aber ist

Cupecoy Beach (142 C4) (*Ø D2*), eine Reihe von drei Sandstränden an der Grenze zum französischen Inselteil Saint Martin mit Höhlen, Steinformationen und Klippen. Um den Strand zu erreichen, muss man allerdings ein paar Steintreppen passieren. *Parkplatz (US $ 2) nahe Cupe-coy oder Sapphire Beach*

AM ABEND

ATLANTIS WORLD CASINO
(143 D4) (*Ø D2*)
Riesiger Komplex mit Restaurants, Slot Machines, Roulette, Baccarat und Poker. *Rhine Road | Cupecoy | Tel. 721 5 45 46 01*

SUNSET BEACH BAR (143 D4) (*Ø D2*)
Legendäre Bar direkt am Strand. Mi–So Livemusik. *2 Beacon Hill Rd. | Maho Bay*

ÜBERNACHTEN

HOLLAND HOUSE BEACH HOTEL
(143 D4) (*Ø D2*)
Das historische Haus an der Front Street ist der ideale Ausgangspunkt für Shopper und Sonnenanbeter, mit Läden vor der Tür und Great Bay Beach dahinter. *54 Zi. | Philipsburg | Tel. 721 5 42 25 72 | www.hhbh.com | €€–€€€*

THE HORNY TOAD GUESTHOUSE
(143 D4) (*Ø D2*)
Geschmackvolle Räume im *Governor's House,* einem Strandhaus mit Meerblick. *8 Zi. | 2 Vlaun Drive | Simpson Bay | Tel. 721 5 45 43 23 | www.thtgh.com | €€*

THE PASANGGRAHAN ROYAL GUEST HOUSE ★ (143 F5) (*Ø D2*)
Das charmante Strandhotel mit gutem Restaurant war einst der Gouverneurssitz und später das Gästehaus der niederländischen Königsfamilie. *30 Zi. | Philipsburg | Tel. 721 5 42 35 88 | www.pasanhotel.net | €€*

AUSKUNFT

TOURIST INFORMATION BUREAU
(143 F5) (*Ø D2*)
Vineyard Office Park | WG Buncamper Road | Tel. 721 5 42 23 37 | www.st-maarten.com

LOW BUDGET

Das *Kangaroo Court Café* auf Sint Maarten offeriert gute Snacks – Sandwiches, Burger und Salate – zu vernünftigen Preisen. *Tgl. | Front St. | Philipsburg | Tel. 599 5 42 75 57*

Günstig auf Sint Eustatius ist das *Country Inn,* ein Privathaus mit schönen Gästezimmern – sauber, ruhig, Verpflegung auf Wunsch. *6 Zi. | US $ 40–55 | Concordia | Tel. 599 3 18 24 84*

VIRGIN ISLANDS

Wenn man mit einem der kleinen „Inselhüpfer" die Virgin Islands anfliegt, bietet sich ein bezaubernder Anblick: Unten liegen, so weit das Auge reicht, kleine, größere und winzige Inseln, dazwischen breitet sich das in allen erdenklichen Blau- und Grünschattierungen schimmernde Meer aus – durchzogen von weißen Federstrichen der Kielwasserlinien, die die Yachten hinterlassen.

Schon Kolumbus beeindruckte die immense Anzahl der Inseln, und er benannte die Gruppe nach den 11 000 Jungfrauen, die im 5. Jh. die Gefolgschaft der heiligen Ursula gebildet haben sollen. Tatsächlich sind es nur um die 100 Eilande, die sich östlich von Puerto Rico als nördlichste Gruppe der Kleinen Antillen aus dem Meer erheben. Geografisch bilden die Inseln eine Einheit, nur zwei liegen etwas abseits: St. Croix im Süden und Anegada im Norden. Politisch sind die Inseln zweigeteilt: im Osten die British Virgin Islands, im Westen die US Virgin Islands. ● Die British Virgin Islands sind ruhiger als ihre US-Schwestern: *Go Liming* („ganz entspannt nichts tun") ist die Grundeinstellung. Weder in Road Town, der Hauptstadt auf Tortola, noch in den Hotelanlagen kommt Hektik auf. Unter den Einheimischen hat sich viel von der britischen Lebensart gehalten, die sich im subtropischen Klima von ihrer besten Seite zeigt.

Die Inseln liegen in zwei losen Ketten nördlich und südlich des Sir Francis Drake Channel. Die Gewässer gehören zu den besten ● Segelrevieren der Welt: rela-

Zwischen den Inseln lässt es sich herrlich segeln. Auf den britischen geht es ruhiger zu als auf den amerikanischen Virgin Islands

tiv sturmsicher, navigatorisch nicht zu fordernd und mit einer großen Auswahl an schönen Ankerplätzen in kleinen Buchten und gut ausgestatteten Marinas.

Nachdem Kolumbus die Inseln entdeckt hatte, blieben sie lange Zeit in spanischem Besitz. 1672 fielen sie an die englische Krone. Heute sind sie britische Kronkolonie, d. h., die englische Königin ist nominell das Staatsoberhaupt, doch ihre inneren Angelegenheiten regeln die Inselbewohner weitgehend autonom. Die amerikanischen Virgin Islands

gehören seit 1917 als abhängiges Gebiet zu den USA, die sie für 25 Mio. Dollar der dänischen Krone abkauften. Die Einwohner haben ein eingeschränktes Wahlrecht bei den US-Präsidentschaftswahlen, doch die Inselgruppe regiert sich selbst. In der Vergangenheit lebten die Inseln hauptsächlich von Zuckerrohranbau und dem Zuckerhandel. Seit der kubanischen Revolution sind die Inseln ein Urlaubsparadies für Amerikaner, die ohne Formalitäten einreisen können und große Freimengen zollfreier Waren mit in die

Ebenso beschaulich wie überschaubar: Hafenpromenade von Christiansted, St. Croix

Heimat nehmen dürfen. Die Inseln sind sehr amerikanisch: moderne Hotelanlagen, Straßenkreuzer, Fastfood – eben alles, was vermeintlich zum *american way of life* gehört.

ST. CROIX

(140–141 B–F 4–6) (*M B–C2*) **St. Croix ist mit einer Landfläche von 213 km² und 51 000 Einwohnern die größte Insel der US Virgin Islands. Sie liegt etwa 120 km südlich von St. John und St. Thomas.**
Die beiden Städtchen auf St. Croix, Christiansted und Frederiksted, haben bis heute viel von ihrem dänischen Flair erhalten, das auf ihre einstigen Besitzer hinweist, mehr als St. John oder St. Thomas.

SEHENSWERTES

BUCK ISLAND NATIONAL PARK ★
(141 E4) (*M C2*)
Vor der Nordküste von St. Croix liegt Buck Island, eine kleine Insel, die mit ihren Tauch- und Schnorchelrevieren von den USA zum Nationalpark erklärt wurde. Ein Unterwasserpfad führt vorbei an Tafeln, die über den Routenverlauf, verschiede-

ne Korallenarten und andere Bewohner der Tiefe informieren. Anbieter: *Dive Experience (1111 Strand St | Christiansted | Tel. 340 7 73 33 07), N2 the Blue (Frederiksted | Tel. 340 7 72 34 83)*

CHRISTIANSTED (141 D5) (*M B2*)
Die Altstadt von Christiansted (15 000 Ew.) zeigt, wie vernünftig die Dänen mit dem anstrengenden Klima der Karibik umgegangen sind: Viele Straßen sind von Arkaden gesäumt. Besonders interessant ist das Labyrinth von Gassen und Straßen am nördlichen Ende der *Queen Cross Street*, wo sich Geschäfte, Restaurants und Boutiquen finden.

FREDERIKSTED (140 B5) (*M B2*)
In der kleineren (4000 Ew.) der beiden Städte auf St. Croix stehen viele schöne Gebäude aus der Kolonialzeit. Ein Tagesausflug lohnt allemal.

ESSEN & TRINKEN

INSIDER TIPP ▶ BLUE MOON
(140 B5) (*M B2*)
Das kleine Bistro serviert asiatisch-französisch angehauchte Küche und ist berühmt für die Livejazz-Sessions *(Fr)*. Mo

geschl. | Strand St. | Frederiksted | Tel. 340 772 22 22 | €€

KENDRICK'S (141 D5) (*ⁿ C2*)

Das Restaurant im 1. Stock ist bei einheimischen Geschäftsleuten beliebt. *So geschl. | King St. | Christiansted | Tel. 340 773 91 99 | €€€*

STRÄNDE

Gute Strände sind *Cane Bay* (140 C4) (*ⁿ B2*), *Grapetree Beach* (141 E5)(*ⁿ C2*), *Buccaneer Beach* (141 D4)(*ⁿ B–C2*), und *Cormorant Beach* (141 D4) (*ⁿ B–C2*).

AM ABEND

FORT CHRISTIAN BREW PUB
(141 D5) (*ⁿ B–C2*)

Livemusik an verschiedenen Tagen der Woche. *Boardwalk/Kings Alley | Christiansted | Tel. 340 713 98 20*

ÜBERNACHTEN

CARRINGTONS INN ❋
(141 D5) (*ⁿ B–C2*)

Etwas außerhalb von Christiansted, deshalb empfiehlt es sich, einen Leihwagen zu nehmen. Die geschmackvolle Einrichtung, die wunderschöne Aussicht auf das Meer und der hübsche Pool entschädigen dafür. *5 Zi. | Estate Hermon Hill | Christiansted | Tel. 340 713 05 08 | www.carringtonsinn.com | €€*

AUSKUNFT

ST. CROIX DIVISION OF TOURISM
(141 D5) (*ⁿ B2*)

Visitor Centre, Government House | King St. | Christiansted | Tel. 340 773 14 04 | www.stcroixtourism.com

ST. JOHN

(141 D–F 2–3) (*ⁿ B–C1*) **Die östlichste der US Virgin Islands ging in den 1950er-Jahren zur Hälfte in den Besitz der Rockefellers über.**

Die Magnatenfamilie spendete den größten Teil für einen Nationalpark, der zwei Drittel der 50 km² großen Insel bedeckt.

⭐ **Buck Island National Park**
Nationalpark unter Wasser, von St. Croix aus per Boot zu erreichen → S. 92

⭐ **Virgin Islands National Park**
Natur pur auf St. John – inklusive Zuckermühle und Felsbilder → S. 94

⭐ **The Baths**
Berühmt: die gigantischen Felsen auf Virgin Gorda → S. 98

⭐ **Bitter End Yacht Club**
Strandhotel mit guten Wassersportmöglichkeiten auf Virgin Gorda → S. 99

MARCO POLO HIGHLIGHTS

SEHENSWERTES

BORDEAUX MOUNTAIN ☘
(141 E3) (*∅ B1*)

Der höchste Berg auf St. John ragt 389 m hoch auf: toller Blick auf das Meer und andere Inseln (Routenkarte beim *Visitors' Centre* in Cruz Bay).

CRUZ BAY (141 D3) (*∅ B1*)

In der kleinen Hauptstadt der Insel gibt es Läden, Restaurants und das *Visitors' Centre* des Nationalparks. *Am Hafen | tgl. 8–16.30 Uhr | Tel. 340 7 76 62 01*

VIRGIN ISLANDS NATIONAL PARK ⭐
(141 D–F 2–3) (*∅ B–C1*)

Mehrmals die Woche führt ein Parkranger den *Reef Bay Hike,* eine Wanderung durch die Vegetationszonen des Parks. Dazu gehören die Besichtigung einer alten Zuckermühle und vorkolumbischer Felsbilder. *Info: Visitors' Centre, Cruz Bay*

ESSEN & TRINKEN

LIME INN (141 D3) (*∅ B1*)

Meeresfrüchte und Pasta. *So geschl. | King St. | Cruz Bay | Tel. 340 7 76 64 25 | €€*

MISS LUCY'S RESTAURANT
(141 E3) (*∅ C1*)

Pig roast und frischer Fisch stehen auf der Karte. Allein der köstliche *conch chowder* (Conchsuppe) lohnt den Weg hierher. *Mo geschl. | Salt Pond | Tel. 340 6 93 52 44 | €–€€*

EINKAUFEN

Die interessanten Läden konzentrieren sich auf *Wharfside Village* und *Mongoose Junction* in Cruz Bay. Hier findet man Schmuck, Wohnaccessoires, Talismane und Kleidung.

ÜBERNACHTEN

CANEEL BAY RESORT (141 D3) (*∅ B1*)

Elegante, in den 1950er-Jahren gebaute Anlage mit Restaurants und vielfältigem Wassersportangebot. *166 Zi. | Cruz Bay | Tel. 340 7 76 6111 | www.caneelbay.com | €€€*

ST. JOHN INN (141 D3) (*∅ B1*)

Kleines, unprätentiöses Hotel mitten in Cruz Bay. Die Atmosphäre ist so familiär, dass es einen gemeinsamen Grillplatz gibt. Einge Zimmer haben Meerblick. *13 Zi. | Cruz Bay | Tel. 340 6 93 86 88 | www. stjohninn.com | €€*

AUSKUNFT

TOURIST OFFICE (141 D3) (*∅ B1*)

The Battery | Cruz Bay | Tel. 340 7 76 64 50 | www.stjohnusvi.com

RMS „RHONE"

Während eines Hurrikans sank das britische Postschiff RMS „Rhone" 1867 vor Salt Island, einer kleinen Insel der British Virgin Islands. Das gut erhaltene Wrack diente als Kulisse für den Hollywoodfilm „Die Tiefe", der Jacqueline Bisset 1977 berühmt machte. Heute ist das in einer Tiefe von 9–24 m unter Wasser liegende Wrack ein beliebtes Ziel für Taucher. Alle Tauchschulen auf den British Virgin Islands bieten Ausflüge zur „Rhone" an *(s. S. 114/115).*

Mutter Natur als Künstlerin: üppige Blütenpracht in Charlotte Amalie, St. Thomas

ST. THOMAS

(140 A–C 2–3) (🗺 B1) **Die Hauptinsel (ca. 57 000 Ew.) der US Virgin Islands ist intensiv bebaut, sodass von der Landschaft nicht mehr viel zu sehen ist.**

Charlotte Amalie, die Hauptstadt, platzt aus allen Nähten; am Hafen und am Rand des Zentrums ragen Betonklötze in den Himmel. Dennoch besuchen vor allem Kreuzfahrtgäste die Stadt gern, denn zwischen *Waterfront* und *Main Street* erstreckt sich ein Gassengewirr mit vielen Dutyfree-Shops.

SEHENSWERTES

CHARLOTTE AMALIE (140 B–C3) (🗺 B1)
Charlotte Amalie (19 000 Ew.), die Hauptstadt der US Virgin Islands, wird wegen ihrer Dutyfree-Shops von Kreuzfahrern angelaufen. Im kleinen Zentrum ist das Fort Christian aus der dänischen Kolonialzeit sehenswert.

MOUNTAIN TOP 🌿 (140 C2) (🗺 B1)
Von dem netten Aussichtslokal aus haben Sie eine schöne Sicht auf den nördlichen Teil von St. Thomas und auf die Magans Bay der Nachbarinsel Tortola. *Route 33*

ESSEN & TRINKEN

BANANA TREE GRILLE 🌿
(140 B–C3) (🗺 B1)
Gönnen Sie sich hier ein Candlelight Dinner mit tollem Blick auf den nächtlichen Hafen. *Mo geschl. | Bluebeard's Castle | Charlotte Amalie | Tel. 340 7 76 40 50 |* €€–€€€

EINKAUFEN

CHARLOTTE AMALIE 🟠
(140 B–C3) (🗺 B1)
Auf der Main Street finden Sie in den Dutyfree-Shops internationale Designer, Uhren, viel Elektronik, Parfüm, Alkohol und Tabak.

Seilbahn über der Bucht von Charlotte Amalie, St. Thomas

AM ABEND

THE GREENHOUSE (140 C3) (*M B1*)
Nach 22 Uhr wird die Restaurantbar zum szenigen Rock-'n'-Roll-Club. *Waterfront Highway | Tel. 340 7 74 79 98*

ÜBERNACHTEN

HOTEL 1829 (140 C3) (*M B1*)
Altes Haus im spanischen Kolonialstil. *15 Zi. | Charlotte Amalie | Tel. 340 7 76 18 29 | www.hotel1829.com | €€*

AUSKUNFT

ST. THOMAS DEPARTMENT OF TOURISM (140 C2) (*M B1*)
Waterfront | Charlotte Amalie | Tel. 340 7 74 87 84 | www.st-thomas.com

TORTOLA

(138 B–C 4–5) (*M C1*) **Tortola, die von den Spaniern wegen der vielen Turtel-** **tauben so genannte Hauptinsel der British Virgin Islands (15 000 Ew.), liegt am Nordrand des Francis Drake Channel.** Der größte Teil der 54 km² großen Insel ist von Buschwerk bewachsen, da der Regenwald abgeholzt wurde, um Raum für Zuckerrohrpflanzungen zu schaffen. Nur am Mount Sage im Westen der Insel findet man noch Spuren der einstigen Vegetation. Die Hauptstadt ist Road Town.

SEHENSWERTES

J. R. O'NEAL BOTANIC GARDENS (138 C4) (*M C1*)
Der botanische Garten der Inselhauptstadt ist zwar noch jung, kann aber schon eine schöne Anlage vorweisen; mit einem kleinen Orchideenhaus, einem Bambushain und mehreren Teichen. *Mo–Sa 9–16.30 Uhr | US $ 3 | Road Town*

MOUNT SAGE NATIONAL PARK (138 B5) (*M C1*)
Mount Sage ist der höchste „Berg" (543 m) auf Tortola. An seinen Hängen

liegt der Nationalpark, in dem der Regenwald unter Schutz steht. Auf Tortola und den anderen Inseln wächst wegen der intensiven Plantagenwirtschaft fast nur macchiaähnliches Strauchwerk. Auch der Regenwald ist nicht beeindruckend, aber von guten Wegen erschlossen. *Eintritt US$ 3 | Ridge Road | Zufahrt über Joe's Hill Road*

ROAD TOWN (138 C4) (*ⅉ C1*)
Das wenig aufregende Städtchen liegt von Hügeln umrahmt an einer Bucht der Südküste. Road Town ist die Hauptstadt, der Gouverneurs- und Verwaltungssitz der British Virgin Islands. Von seinem geschäftigen Hafen aus fahren Fähren zu den anderen Inseln und nach *St. John's* und *St. Thomas*.

ESSEN & TRINKEN

MOUNTAIN VIEW ⌇ (138 B5) (*ⅉ C1*)
Empfehlenswert im „Bergblick" ist vor allem die Spezialität des Hauses: gegrillter Mahi Mahi (Goldmakrele) in Limonenzwielsauce. *Sage Mountain | Tel. 284 4 95 95 36 | €–€€*

THE PUB ⌇ (138 C4) (*ⅉ C1*)
Deftig, unprätentiös und gut: Hier werden Burger, Steaks, gegrillter Fisch, *conches* etc. serviert. Man speist auf der Holzveranda mit schönem Blick auf die Marina und den Hafen von Road Town. *Tgl. | Waterfront Drive | Tel. 284 4 94 26 08 | €–€€*

INSIDERTIPP SUGAR MILL
(138 B5) (*ⅉ C1*)
Das Restaurant des gleichnamigen Hotels bietet abends ein phantastisches Menü zum Festpreis an, das nicht gerade superbillig, dafür aber wirklich superlecker ist! *Tgl. | Apple Bay | Tel. 284 4 95 43 55 | €€€*

EINKAUFEN

PUSSER'S COMPANY STORE & PUB
(138 C4) (*ⅉ C1*)
Hier gibt es Pusser's Rum, modische Strandbekleidung für sie und ihn und allerhand maritime Souvenirs. *Main Street | Road Town*

SUNNY CARIBBEE HERB AND SPICE COMPANY (138 C4) (*ⅉ C1*)
Appetitlich verpackte karibische Gewürze, Kaffee, Tee und schöne Mitbringsel. *Main Street | Road Town*

STRÄNDE

Schönster Strand: **INSIDERTIPP** *Cane Garden Bay* (138 B4) (*ⅉ C1*), mit vielen Hotels und Beachbars. Gut zum Surfen: *Apple Bay* (138 B5) (*ⅉ C1*); zum Schnorcheln: *Smugglers Cove* (138 B5) (*ⅉ C1*).

AM ABEND

BOMBA'S SURFSIDE SHACK
(138 B5) (*ⅉ C1*)
Zu jeder Vollmondnacht tobt hier eine heftige Beachparty. Nichts für „gesetztere Herrschaften". *Capoon's Bay/Apple Bay | Tel. 284 4 95 41 48*

ÜBERNACHTEN

LAMBERT BEACH RESORT
(138 C4) (*ⅉ C1*)
Exklusive Villen am schönen Strand von *Elizabeth Beach*; zum Meer hin offenes Restaurant. *38 Zi. | Tel. 284 4 95 28 77 | www.lambertbeachresort.com | €€*

OLE WORKS INN (138 B4) (*ⅉ C1*)
Das kleine Hotel wurde um eine 300 Jahre alte Zuckermühle herumgebaut. *18 Zi. | Cane Garden | Tel. 284 4 95 48 37 | www.quitorymer.com | €–€€*

PUSSER'S FORT BURT HOTEL
(138 C4) (C1)
Hotel auf einem Fels über der Bucht von Road Town: schöner Blick auf Stadt und Inseln. *17 Zi. | Road Town | Tel. 284 4 94 25 87 | info@fortburt.com | €–€€*

AUSKUNFT

BVI TOURIST BOARD OFFICE
(138 C4) (C1)
De Castro St., Akara Building | Road Town | Tel. 284 4 94 31 34 | www.bvitourism.com

VIRGIN GORDA

(139 D–E4) (C1) **Die Insel (3000 Ew.) liegt östlich von Tortola und ist ca. 20 km² groß. Landschaftlich ist sie eher trocken-tropisch, dafür hat sie mit The Baths eine besondere geologische Attraktion zu bieten.**

Außerdem finden sich hier exklusive Resorts, und das Wort Entspannung wird hier ziemlich groß geschrieben ...

LOW BUDG€T

Auf St. Thomas bietet das kleine Stadthotel *Galleon House* einen schönen Blick auf Charlotte Amalie und den Hafen. Veranda, Pool, gutes Frühstück inklusive. *12 Zi. | ab US$ 70 | Kongens Gate | www.galleonhouse.com*

In den *Cinnamon Bay Campgrounds* auf St. John wohnen Sie mitten im National Park mit seiner tropischen Vegetation in Zelten oder Hütten direkt am Strand. *US $ 4,25/Pers. in Viererzelten bzw. -hütten | östlich von Cruz Bay | Tel. 340 7 76 63 30 | www.cinnamonbay.com*

SEHENSWERTES

THE BATHS ★ (139 D4) (C1)
Eine Reihe von großen Felsbrocken bilden kleine Bassins, Höhlen und offene oder überdeckte Kanäle – interessante Stellen, ideal zum Schwimmen und Schnorcheln. *US $ 3 | südwestl. von Spanish Town*

SPANISH TOWN (139 D4) (C1)
Das verschlafene Hauptstädtchen im Südosten der Insel hat einen schönen Yachthafen mit Einkaufsarkaden, Pub und Supermarkt.

ESSEN & TRINKEN

INSIDER TIPP **GIORGIO'S WINE RESTAURANT** (139 E4) (C1)
Gute italienische Küche und ein beachtlicher Weinkeller. Romantisch zum Dinner. *Tgl. | Town Bay Well | Tel. 284 4 95 56 84 | €€–€€€*

STRÄNDE

Ideal zum Baden und Faulenzen: *Long Bay* (139 D4) (C1), *Spring Bay* (139 D4) (C1) und *Savannah Bay* (139 E4) (C1).

AM ABEND

INSIDER TIPP **THE MINE SHAFT CAFÉ & PUB** (139 D4) (C1)
Zum Sonnenuntergang am Cocktail nippen und den einzigartigen Blick auf die Virgin Islands genießen. *Coppermine Road | Tel. 284 4 95 52 60*

Am Strand von The Baths (Virgin Gorda) bilden Felsbrocken natürliche Badewannen

ÜBERNACHTEN

BITTER END YACHT CLUB ★ ● ☼
(139 E4) (*ⵌ C1*)

Seglerhotel mit ausgezeichneten Wassersportmöglichkeiten. Man wohnt in hübschen Chalets mit Blick über North Sound. Jeden Donnerstagabend wird zu Livemusik abgetanzt. *100 Zi. | North Sound | Tel. 284 4 94 27 46 | www.beyc.com | €€€*

LEVERICK BAY RESORT (139 E4) (*ⵌ C1*)

Hier geht es leger und relaxed zu, mit Marina, Restaurant, Snackterrasse, Spa. *16 Zi. | Tel. 284 4 95 74 21 | www.leverick bay.com | €€*

AUSKUNFT

VIRGIN GORDA TOURIST BOARD
(139 E4) (*ⵌ C1*)

Spanish Town | Tel. 284 4 95 51 81

INSELN IN DER UMGEBUNG

ANEGADA (139 E–F 1–2) (*ⵌ C1*)

Anegada liegt nur knapp 10 m über dem Meeresspiegel. Für Taucher gibt es rund um die Insel einige schöne Korallenriffe zu entdecken. Auf Anegada betreibt die Soares-Familie das empfehlenswerte kleine Gästehaus und Restaurant `INSIDER` `TIPP` ▶ *Neptune's Treasure (9 Zi. | Tel. 284 4 95 94 39 | €€€).*

JOST VAN DYKE (138 A–B4) (*ⵌ B–C1*)

Der Name erinnert an einen holländischen Piraten. Auf der autofreien Insel nordwestlich von Tortola – Hauptort ist Great Harbour – gibt es ein paar Restaurants und Beachbars, die bei Seglern populär sind, z. B. die *Soggy Dollar Bar, White Bay.* Probieren Sie mal einen `INSIDER` `TIPP` *Painkiller*, einen Drink, der es in sich hat!

ERLEBNISTOUREN

1 SAIL THE BRITISH VIRGIN ISLANDS

START: **1** Road Town
ZIEL: **1** Road Town

5 Tage
reine Segelzeit
ca. 10 Stunden

Strecke:
 ca. 140 km

KOSTEN: Bootscharter mit Crew ab ca. 3600 Euro für 2 Personen all inclusive; Bareboat (ohne Crew) ab ca. 2700 Euro plus Essen und Ankergebühr. Charterfirma: **BVI Yacht Charters** *(Road Town | Port Purcell | Tortola | Tel. 28 44 94 42 89 | www.bviyachtcharters.com)*
MITNEHMEN: Badesachen, Regenjacke, Sonnen- und Mückenschutz; für Selbstfahrer Proviant

ACHTUNG: Wenn Sie nicht genug Erfahrung haben, um selbst zu segeln, mieten Sie ein Boot mit Skipper bzw. Crew.
Vorsicht bei der Einfahrt in den Hafen von **11** Peter Island wegen des ausgedehnten Riffs östlich von Sprat Bay!

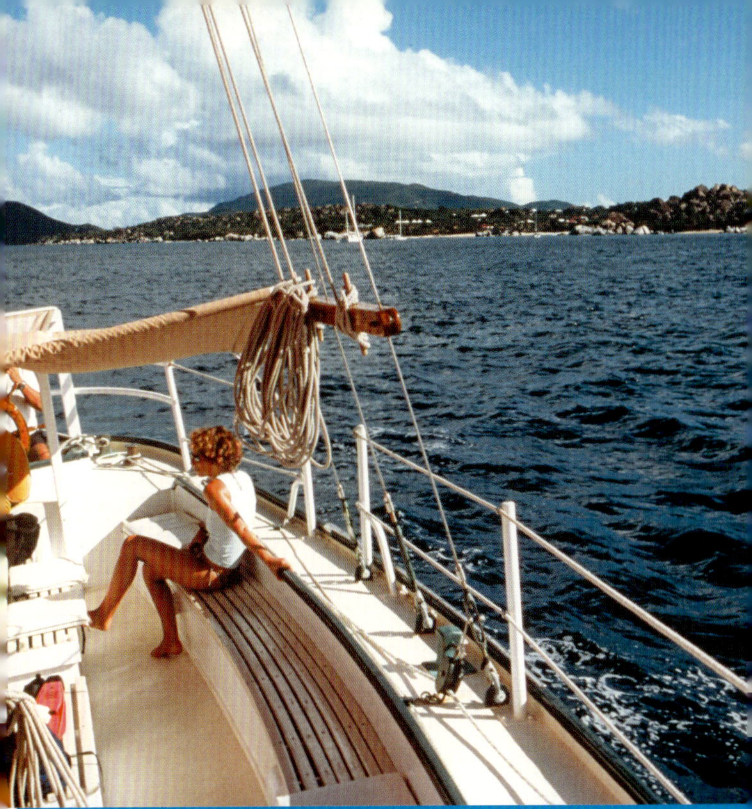

Jeder Zipfel dieser Erde hat seine eigene Schönheit. Wenn Sie Lust haben, die einzigartigen Besonderheiten dieser Region zu entdecken, wenn Sie tolle Tipps für lohnende Stopps, atemberaubende Orte, ausgewählte Restaurants oder typische Aktivitäten bekommen wollen, dann sind diese maßgeschneiderten Erlebnistouren genau das Richtige für Sie. Machen Sie sich auf den Weg und folgen Sie den Spuren der MARCO POLO Autoren – ganz bequem und mit der digitalen Routenführung, die Sie sich über den QR-Code auf S. 2/3 oder die URL in der Fußzeile zu jeder Tour downloaden können.

Auf diesem fünftägigen Törn lernen Sie viele der attraktiven Ankerplätze der British Virgin Islands kennen, Sie umsegeln Tortola im Uhrzeigersinn und laufen die vorgelagerten Inseln der Reihe nach an – Landgänge, Badepausen und spektakuläre Sonnenuntergänge inklusive.

Von ❶ **Road Town** auf **Tortola** → **S. 96** aus queren Sie zunächst den Francis Drake Channel, dessen Wassertiefe von 10 bis 50 m variiert, in Richtung Süden. Erste Anlaufstelle ist das 7 Meilen entfernte ❷ **Norman Island**, wo Sie in der **Bight Bay** ankern. Schnorchelnd oder per Dinghi

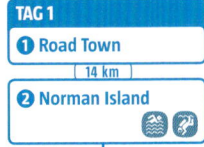

TAG 1

❶ Road Town

[14 km]

❷ Norman Island

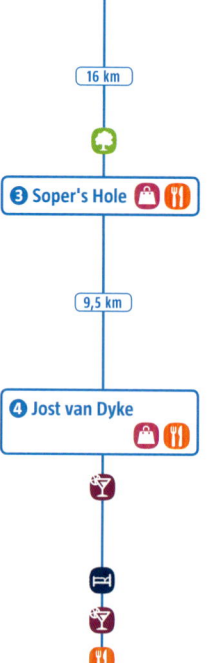

❶

ATLANTIC OCEAN

BRITISH VIRGIN ISLANDS

Necker Island

Mosquito Island

Guana Island

Great Camanoe I.

West Dog

Scrub Island

Virgin Gorda

❽

Gorda Peak N.P. 414

Little Jost van Dyke

Tortola

321 ❹ *Great Harbour*

Wesley Will

East End

246 ❻

67 ❼

224

Spanish Town ❾

77

The Baths

Virgin Gorda

352 *Great Mt.*

ROAD TOWN

❶ Kingstown

Maya Cove

Leonards

523 *Mt. Sage*

West End

187 ❸

Freshwater Pond

Fallen Jerusalem

Sir Francis Drake Channel

Round Rock Passage

❿

107

155

Ginger Island

Cooper Island

The Narrows

Mamey Peak 350

Emmaus

Virgin Islands National Park

Johns Folly

St. John

US VIRGIN ISLANDS

118 ⓫

❷

130

Peter Island

Norman Island

Salt Island Passage

Flanagan Passage

Caribbean Sea

5 km
3.11 mi

(Beiboot) lassen sich die Höhlen südöstlich von Treasure Point wunderbar erkunden. Nur einen Katzensprung entfernt ragen die Felsen **The Indians** aus dem Wasser, mit ihren Korallen und ihrer Fischvielfalt einer der beliebtesten Schnorchelplätze der Virgin Islands. Mit Glück können Sie hier Hawksbill-Wasserschildkröten beobachten. **Weiter geht es nach ❸ Soper's Hole, Tortolas West End, das Sie nach ca. 90 Minuten erreichen (Einsteuerung zwischen Little Thatch Island und Frenchman's Cay).** Hier gibt es Läden und **Pusser's Landing**, einen Ableger der Pusser's Restaurant- bzw. Ladenkette. Als Lunch auf der Terrasse munden Pizza und eiskaltes Bier.

Nach einer weiteren Segelstunde erreicht man Great Harbour auf ❹ Jost van Dyke → S. 99. An der verschlafenen Bay liegen kleine Boutiquen, Strandrestaurants, eine Bäckerei und das **Foxy's**: Der Betreiber, ein charismatischer Calypso-Barde, widmet Ihnen vielleicht ein musikalisch untermaltes, satirisches Gedicht, wenn Sie sich in seine Bar setzen. Eine Bucht weiter nach Westen, in der **White Bay**, können Sie über Nacht ankern und sich im **Sandcastle Hotel** in einer unter Palmen INSIDER TIPP schwingenden Hängematte von der Spezialität des Hauses, dem „Painkiller", erholen. Beim Candlelight-Dinner schmeckt das *Coq au Vin* (Hühnchen in Rotwein) hervorragend.

16 km

❸ Soper's Hole

9,5 km

❹ Jost van Dyke

ERLEBNISTOUREN

Morgens geht es mit eingeholten Segeln wieder nach **Tortola** zur ❺ **Cane Garden Bay**. Dieser palmengesäumte, lebhafte Sandstrand bietet Beachbars, Restaurants und Wassersportmöglichkeiten. Außerdem können Sie die 300 Jahre alte **Callwood Rum Distillery** *(Tel. 28 44 95 48 37 | €€)* besichtigen, die immer noch produziert. Lunch gibt's in **Quito's Restaurant**; versuchen Sie die Conch Fritters! **Entlang der grünen Nordküste segeln Sie weiter Richtung ❻ Guana Island. Der Trip dauert 2–3 Stunden.** Im Riff am **Monkey Point** lässt es sich ausgezeichnet schnorcheln! Langsam sollten Sie an einen Übernachtungshafen denken: Das Inselchen ❼ **Marina Cay** *(Tel. 28 43 40 56 78 | €–€€)* südöstlich von Great Camanoe bietet sich mit **Pusser's Restaurant** dazu an.

Morgens geht es weiter, vorbei an Scrub Island, den Dog Islands und dem Leverick Bay Resort nach ❽ **North Sound** auf **Virgin Gorda → S. 98**. Vor dem beliebten Seglertreff **Bitter End Yacht Club** können Sie ankern, um den Tag und die Nacht hier zu verbringen. Im Yachtclub gibt es häufig Livemusik, außerdem gute Einkaufsmöglichkeiten und einen Pub. Am Stand von **Watersports** können Sie sich Kajaks oder Surfbretter ausleihen. Das Abendessen nehmen Sie im **Clubhouse Restaurant** ein (vorher in der Lobby des Bitter End Yacht Clubs reservieren).

Downwind geht es morgens wieder zurück um Virgin Gorda herum – vorbei an der Hauptstadt Spanish Town Richtung Südwesten zu den berühmten ❾ **Baths → S. 98** (ca. 2 ½ Std.). Die riesigen Granitfelsen mit ihren Höhlen und Pools können Sie zu Fuß und schnorchelnd erkunden. **Etwa eine Stunde Fahrt führt zum hügeligen ❿ Cooper Island** mit Restaurant und Bar am Palmenstrand. Am südlichen Ende von **Manchioneel Bay** können Sie hervorragend schnorcheln. **Weiter geht's dann, vorbei an Salt Island und Dead Chest Island ("des toten Mannes Kiste"), nach ⓫ Peter Island.** Im südöstlichen Teil der Bucht **Deadman's Bay** können Sie für die Nacht vor Anker gehen. Hier erwarten Sie ein schöner Strand und das lässige Beachrestaurant des **Peter Island Resorts** *(Tel. 28 44 95 20 00 | €€€)*. Das Resort ist über einen Pfad zu erreichen.

Am nächsten Morgen sollten Sie frühzeitig nach ❶ **Road Town** auf Tortola aufbrechen. Hier haben Sie den Startpunkt des Segeltörns wieder erreicht. Der Flughafen Beef Island ist 30 Min. (Taxifahrt) von Road Town entfernt.

DOMINICA: WANDERUNG ZUM BOILING LAKE

2

START: ❶ Laudat
ZIEL: ❶ Laudat

1 Tag
reine Gehzeit
ca. 5 Stunden

Strecke:
🔁 13 km

schwer
▮▮▮ **Höhenmeter: 470 m**

KOSTEN: 80–100 Euro für den Guide; ca. 40 Euro Tagesmiete für einen Leihwagen

MITNEHMEN: Gute Wanderschuhe, Regenjacke, Wasser, Proviant

ACHTUNG: Fahren Sie mit dem Bus, einem Taxi oder Leihwagen von Roseau aus 6 km in nordöstlicher Richtung zum Startpunkt ❶ **Laudat**, wo Sie sich einen erfahrenen Führer suchen (jedes Hotel vermittelt Guides und arrangiert Touren).

Diese Wanderung zum Boiling Lake auf Dominica ist so besonders und atemberaubend schön, dass man sie trotz der mitunter anstrengenden Kletterpartien unbedingt einmal gemacht haben sollte.

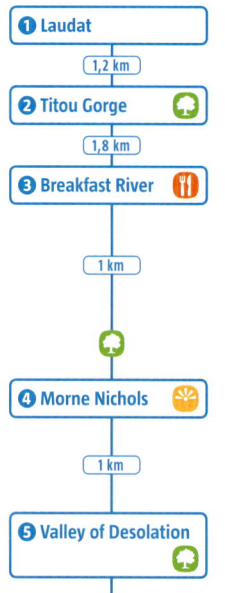

08:00 Von ❶ **Laudat**, einem Dorf am Fuß des Morne Nichols, geht es zunächst – begleitet vom Ruf des Mountain Whistler (einer der 150 Vogelspezies der Insel) – **sanft bergan bis zur ❷ Titou Gorge**, einem mit Wasser gefüllten Canyon, der in einem Wasserfall endet. **Durch Koniferenwälder geht es eine halbe Stunde lang weiter bis zum ❸ Breakfast River**, so genannt, weil viele Wanderer hier ihre erste Rast einlegen. Hinter dem Fluss beginnen die Hänge des Morne Nichols. Der Weg wird jetzt steiler und rutschig, führt an Wasserfällen und Schluchten vorbei. Tiefhängende Wolken versperren z. T. die Sicht. Langsam kommen Sie in die höhergelegenen **Elfin Woodlands**. Die Äste der Zwergfichten sind vom Wind verformt und mit Moosen und Flechten überwachsen. Am ❹ **Morne Nichols**, dem höchsten Punkt der Tour (auf ca. 900 m), legen Sie eine Rast ein und genießen den umwerfenden Blick auf den Atlantik und das Karibische Meer.

09:30 Nun folgt der schwierigste Teil, der „Kletterpart". **Durch das ❺ Valley of Desolation, das Tal der Verwüstung, geht es über einen Ziegentrail auf nassen, glitschigen Felsen abwärts** – am besten rutscht man auf dem Hosenboden, sauber bleibt man sowieso nicht. Je weiter

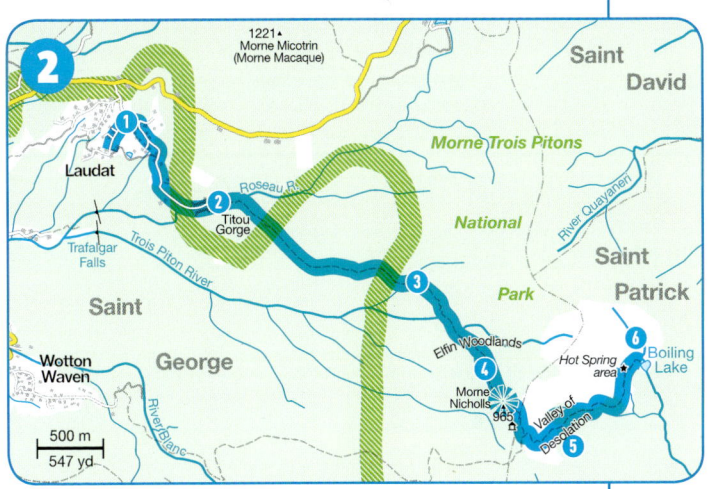

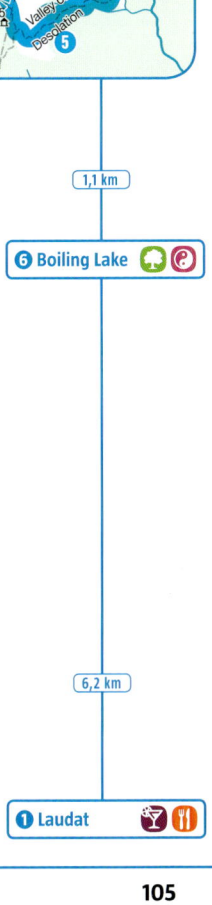

Sie hinunterklettern, desto deutlicher tritt das Tal vor Ihnen in Erscheinung. Heiße Quellen spritzen gelb, schwarz, silbern und orange aus ihren Pools. Im Hintergrund hören Sie das Blubbern der kochenden Schlammlöcher. **In eineinhalb Stunden erklimmen Sie den gegenüberliegenden Hang** und haben jetzt das Ziel vor Augen: den **6 Boiling Lake → S. 42**, den „kochenden See". In den 1990er-Jahren wurde dieses Naturphänomen zum Unesco-Welterbe ernannt. Die Seiten des Kraters fallen 20–30 m steil zum Wasser hin ab. Die Oberfläche des Sees ist die meiste Zeit von milchigem Wasserdampf verhüllt, da die hohe Temperatur im Krater das Wasser fast bis zum Siedepunkt erhitzt. Seltsamerweise gibt es in dieser Einöde noch Leben. Eidechsen, Fliegen und Ameisen scheinen die tödlichen Schwefeldämpfe nichts auszumachen. Warten Sie eine Weile darauf, dass der Wind die Nebelschwaden wegschiebt, sodass Sie die sprudelnde Seeoberfläche sehen können. Ruhen Sie sich aus und lassen Sie sich von Ihrem Führer einen *Sulphuric Pool* für ein **INSIDER TIPP** entspannendes Bad zeigen, bevor Sie den Weg zurück antreten.

14:00 Immerhin geht es, haben Sie erst den anstrengenden Kletterpart hinter sich, bergab schneller. **In zwei Stunden haben Sie wieder den Breakfast River erreicht.** Hier können Sie sich mit einer Katzenwäsche vom gröbsten Schlamm befreien und **den kurzen Weg zurück nach 1 Laudat antreten,** wo in der Bar der **Roxy's Moun-**

tain Lodge *(Tel. 767 4 48 48 45 | €)* ein kaltes Bier wartet. Wer jetzt genug hat, kann auch in einfachen, aber urwüchsigen Zimmern übernachten. Roxy serviert Ihnen auch ein gutes und reichliches kreolisches Essen.

③ AUTOTOUR RUND UM ST. KITTS

START: ❶ Basseterre
ZIEL: ❶ Basseterre

1 Tag
reine Fahrzeit
1½ Stunden

Strecke:
🚌 ca. 60 km

KOSTEN: Leihwagen ab 45 Euro/Tag, Temporary Driver's Licence 24 Euro, Benzin ca. 35 Euro
MITNEHMEN: Badesachen

ACHTUNG: Avis Car Rental in Basseterre *(South Independance Square/ Cayon St. | Tel. 869 4 65 65 07)* vermietet gute Suzuki-Jeeps zu angemessenen Preisen. Am besten, Sie fahren gegen den Uhrzeigersinn am frühen Nachmittag los, sodass Sie später den Sonnenuntergang im Westen sehen können.

St. Kitts ist klein: Wenn Sie es darauf anlegen, haben Sie die Insel mit dem Auto in anderthalb Stunden umrundet. Aber Sie wollen ja das karibische Flair genießen, alte Plantagenhäuser besuchen, durch tropische Gärten schlendern, einen Badestopp einlegen und lecker essen – dann ist ein halber Tag ganz schnell rum.

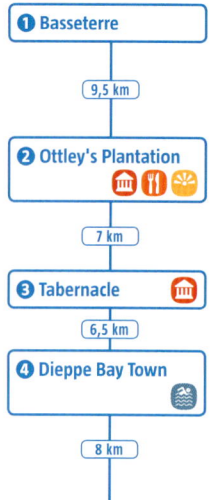

❶ Basseterre

9,5 km

❷ Ottley's Plantation

7 km

❸ Tabernacle

6,5 km

❹ Dieppe Bay Town

8 km

12:00 Nach Osten geht es aus ❶ Basseterre → S. 79 hinaus Richtung Flughafen. Von hier aus sieht man schon die grünen Hügel des Berges Mt. Liamuiga. **Vorbei an Conaree Village geht es auf der Küstenstaße nach Cayon.** Links und rechts säumen Zuckerrohrfelder die Straße. **Etwa 2 km hinter Cayon fahren Sie links zu ❷ Ottley's Plantation** *(Tel. 869 4 65 72 34 | €€€)*, einem alten Plantagenhaus, das heute ein schickes Hotel ist. Gönnen Sie sich ein Lunch auf der schönen Terrasse mit herrlicher Aussicht. **Zurück auf der Küstenstraße fahren Sie weiter an der Atlantikseite mit Blick auf St. Barts Richtung ❸ Tabernacle**, einem kleinen Ort links der Hauptstraße, mit typisch karibischen Holzhäuschen. **Über Black Rocks und Sandy Bay erreichen Sie ❹ Dieppe Bay Town**, einen kleinen Ort mit einer schwarzen Strandbucht, wo Sie eine erfrischende Badepause einlegen können. **Hinter Dieppe Bay Town führt beim Ort Trants ein kleiner, ausgeschilderter Pfad durch Zuckerrohrfelder hinauf in die Berge.** Am Fuß des

3

Dieppe Bay Town
Hacket Point
Willet's Bay
Helden's Point
St. Paul's
Sandy Bay
Sadlers
Parsons Ground
Bellevue
Brotherson's Estate
Rawlings Plantation
Black Rocks
St. Paul
Newton Ground
Tabernacle
Mansion
St. John
Estridge Estate
Nicola Town
Fig Tree Fort
Fig Tree
St. Anne
Mt. Liamuiga 1156
Molineux
Philips
North West Range
Lodge
Ottley's
Sandy Point Town
St. Thomas
Christ Church
Sandy Point Fort
Cayon
Charles Fort
Brimstone Hill
Greenhill Estate
St. Mary
Canada Estate
Half Way Tree
Carib Rock Drawings
Romney Manor
South East Range 1000
Bayford's
Middle Island
Stapleton
Upper Conaree
Old Road Town
Trinity
St. Peter's
Old Road Bay

**St. Kitts
(St. Christopher)**

Challengers
Fairview Inn
Golden Rock Airport
St. Peter
Trinity
Boyd's
Bloody Point
Palmetto Point Fort
Fort Thomas
Bird Rock

BASSETERRE

Caribbean

Sea

2 km
1.24 mi

Mount Liamuiga liegt das bezaubernde Hotel ⑤ **Belle Mont Farm** (Tel. 869 465 73 88 | www.bellemontfarm. com | €€€), ein altes Farmhaus mit organischem Obst- und Gemüseanbau, das jetzt zu den schönsten Resorts der Insel zählt. Die wunderbare Ruhe und der weite Blick über die grünen Felder aufs Meer laden zu einer Kaffeepause auf der Terrasse ein. Wenn Sie sich nach der Autofahrt et- was verspannt fühlen: Der hauseigene **Mango Spa** bietet exquisite Körperbehandlungen und Massagen an.

15:00 **Weiter fahren Sie jetzt um den Nordbogen der In- sel herum, Richtung ⑥ Sandy Point Town**, wo sich ein Halt lohnt. Der Hafen der kleinen Stadt war im 17. Jh. Handelszentrum für Engländer und Holländer. **2 km hinter Sandy Point geht es nach links durch Regenwald hinauf in die Berge nach ⑦ Brimstone Hill → S. 80**, einem Fort aus dem 17. Jh. Von hier aus haben Sie einen tollen Blick auf die Nachbarinseln Anguilla, Montserrat, Saba, Sint Eusta-

---

⑤ **Belle Mont Farm**

6,5 km

⑥ **Sandy Point Town**

2,5 km

⑦ **Brimstone Hill**

Frau bei Batikarbeiten in Romney Manor

tius, St. Barts und St. Maarten. **Zurück auf der Küstenstraße Old Road geht's jetzt nach Süden Richtung Basseterre. Bei Old Road Town folgen Sie einem Schild nach links und fahren die Hügel des Mt. Liamuiga hinauf zu den Ruinen von** ⑧ **Romney Manor** *(tgl. 9–17 Uhr | Eintritt frei | Tel. 869 4 65 62 53).* Das alte Gutshaus einer ehemaligen Zuckerplantage steht mit Nebengebäuden in einem tropischen Garten mit Palmen und Orchideen. Im Haupthaus ist **Caribelle Batik** *(www.caribellebatikstkitts.com)* untergebracht: Hier wird nach traditionellen Techniken bunte Kleidung angefertigt. **Nach dem Besuch fahren Sie zurück auf die Küstenstraße Old Road.**

18:00 **5 km südlich, auf Höhe Ottley's Level, zeigt ein Schild nach links zum Plantagenhaus** ⑨ **Fairview Great House** *(Eintritt 10 US$ inkl. Führung).* Wieder fahren Sie etwas den Hügel hinauf bis zum Parkplatz des restaurierten Hotels, zu dem das **Nirvana** *(Tel. 869 4 65 30 21 | €€)*, ein gutes asiatisches Restaurant, gehört. Auf der Hotelveranda zu sitzen und mit einem Sundowner den **INSIDER TIPP** atemberaubenden Blick aufs Meer und den Sonnenuntergang zu genießen, lässt den Nachmittag perfekt ausklingen. **Entspannt machen Sie sich dann auf den kurzen Heimweg nach** ① **Basseterre.**

6,5 km

⑧ **Romney Manor**

5,5 km

⑨ **Fairview Great House**

6 km

① **Basseterre**

AUSFLUG VON GRENADA NACH CARRIACOU

4

START: ❶ Hillsborough
ZIEL: ❶ Hillsborough

1 Tag
reine Fahrzeit auf
Carriacou 1 Stunde

Strecke:
🚌 30 km

KOSTEN: Fähre hin und zurück 53 Euro/Pers., Taxi 45 Euro, Wassertaxi 18 Euro

MITNEHMEN: Badesachen, Schnorchelausrüstung, Sonnen- und Insektenschutz

ACHTUNG: Um 8:30 Uhr, eine halbe Stunde vor Abfahrt, sollten Sie sich an der Queen's Jetty/Carenage (gegenüber der Feuerwehr) in St. George's Tagestickets für die Fähre nach Carriacou kaufen. Die „Osprey" legt um 9 Uhr ab. Wegen des Wochenmarkts in ❶ **Hillsborough** sind Di und Sa die besten Reisetage.

Carriacou → S. 50, die Schwesterinsel Grenadas, scheint seit 50 Jahren im Dornröschenschlaf zu liegen. Die verträumte Hauptstadt Hillsborough besteht aus ein paar alten Kolonialgebäuden und Kirchen, das karge, hügelige Inland hat mit dem North Peak (290 m) seinen höchsten Punkt. Einsame Puderzuckerstrände mit Palmen und klarem Wasser säumen die Küste, vorgelagert sind Korallenriffe.

09:00 Pünktlich legt die „Osprey" in St. George's ab und pflügt die Westküste Grenadas entlang gen Norden. 90 Minuten braucht der Power-Katamaran, bis er in ❶ **Hillsborough**, der Hauptstadt Carriacous, anlegt. Am Dock stehen Taxifahrer, die Ihnen eine Rundfahrt über die Insel anbieten. **Lassen Sie sich die Main Street herauffahren,** die Hauptstraße mit kleinen Hotels, Restaurants, einer Post und ein paar Banken. Dienstags und samstags ist an der Ecke Main/Church St. **Wochenmarkt**. Dann legen die Fähren aus Grenada am Hafen an und bringen alle Exportwaren, die die Insel „ordern" muss; es herrscht lebhaftes Treiben. Gegenüber dem Tourist Office liegt das **Carriacou Historical Society Museum** *(Mo–Fr 9.30–16, Sa 10–16 Uhr | Eintritt 2 EC$)*. Neben einer Ausstellung indo-amerikanischer Artefakte werden hier auch die Gemälde des verstorbenen Inselkünstlers Canute Calliste gezeigt. **Weiter fahren Sie mit Ihrem Fahrer einen Kilometer die Hauptstaße Richtung Norden zum** ❷ **Anglican Rectory** in Belair. Die Ruinen des ehemaligen Plantagenhauses liegen auf einem

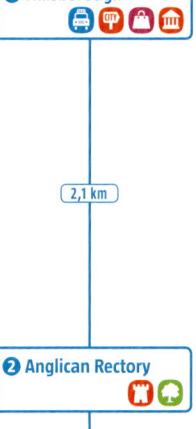

❶ Hillsborough

2,1 km

❷ Anglican Rectory

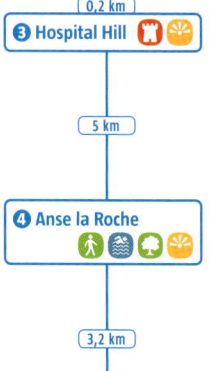

0,2 km

❸ Hospital Hill

5 km

❹ Anse la Roche

3,2 km

Hügel, umgeben von Zuckerrohrfeldern. 300 m südöstlich, am ❸ **Hospital Hill**, stehen die Überreste einer alten Zuckermühle aus der Kolonialzeit. Um den Eindruck szenisch zu untermalen, wurden hier 1948 ein paar alte Kanonen drapiert. Der Blick auf Hillsborough und den Süden der Insel ist umwerfend.

3 km nördlich geht's zurück auf der Küstenstraße über die Orte Craigston und Bogles zur ❹ Anse la Roche, einem hübschen Strand an der Westküste. Allerdings ist die Straße schlecht, und zum Strand sind es noch einige Meter zu Fuß. Wenn Ihnen das zu mühsam ist, genießen Sie einfach den Blick auf die Berge der Nachbarinsel Union Island → S. 55. In den Wintermonaten kann man hier sogar manchmal Buckelwale beobachten, die von den warmen Gewässern vor Venezuela wieder nach Norden ziehen.

Etwa 2 km nördlich, kurz vor Gun Point, dem nördlichsten Punkt der Insel, fahren Sie nach **⑤ Windward** an der Ostküste. Hier leben Nachfahren schottischer Einwanderer, die noch immer ihre eigenen Boote bauen. Hölzerne Rumpfgerippe am Wegesrand, auf denen Wäsche trocknet, sind kein seltener Anblick. Von hier aus hat man einen guten Blick auf die Nachbarinsel Petit Martinique. **Ein paar Minuten fahren Sie bis zum Ort ⑥ Dover**, wo Sie sich die **Dover Ruins**, die Ruinen der ältesten Kirche der Insel, anschauen können. **Auf der östlichen Küstenstraße fahren Sie nun nach Süden bis Dumfries.** Linker Hand sehen Sie die Ruinen einer Baumwoll- und Limonenplantage.

13:00 Ca. 2 km geht's über Six Roads im kargen Landesinneren zum **⑦ Paradise Beach**, einem palmengesäumten Sandstrand mit Beachbars – ein tolles Bade- und Schnorchelrevier! Lassen Sie sich an der **Hardwood Bar** *(Tel. 47 34 43 68 39 | €)* gegenüber von Sandy Island absetzen und vereinbaren Sie mit dem Fahrer, dass er Sie um 15 Uhr hier abholt. Im Restaurant kann man Fisch und **INSIDER TIPP▶ köstliches Roti essen. Nach dem Essen lassen Sie sich vom hauseigenen Water Taxi Service in 5 Min. zum 1,5 km entfernten ⑧ Sandy Island bringen.** Das unbewohnte Bilderbuchinselchen ist mit weißem Sandstrand und vereinzelten Palmen ein beliebtes Fotomotiv. Suchen Sie sich am Strand ein Plätzchen mit Blick auf L'Esterre Bay und erforschen Sie das davorliegende Korallenriff schnorchelnd. **Gegen 14:30 Uhr sollten Sie sich vom Boot wieder abholen lassen, um mit dem am Paradise Beach wartenden Taxifahrer zurück zum Fähranleger in ① Hillsborough zu fahren.** Die „Osprey" wird pünktlich um 15:30 Uhr in den Hafen brausen.

⑤ Windward

1 km

⑥ Dover

12 km

⑦ Paradise Beach

1,5 km

⑧ Sandy Island

5 km

① Hillsborough

Karibischer Inseltraum für Teilzeit-Robinsons: Sandy Island

SPORT & WELLNESS

Sonne, Meer und Strand sind die besten Garanten für Wassersportspaß jeglicher Art. Die ständige Nordostbrise macht Segler und Windsurfer glücklich, die vorgelagerten Korallenriffe erfreuen Schnorchler und Taucher.

Die entsprechende Infrastruktur für Aktivurlauber ist vielfältig. Jedes Hotel bietet eine Palette von Wassersportmöglichkeiten an, selbst dann, wenn es nicht direkt am Wasser liegt. Unzählige Yachtcharterfirmen haben sich etabliert, Diveshops verleihen Schnorchelausrüstung und Sauerstofftanks. Natürlich können Sie auch wunderbar Golf spielen; viele der Luxusresorts haben sich neben Tennisplätzen inzwischen auch einen eigenen Golfplatz angelegt. Die Inseln vulkanischen Ursprungs bieten mit ihren tropischen Regenwäldern zudem ideale Voraussetzungen für unvergessliche Wanderungen und Erkundungs- oder Klettertouren.

Außerdem machen das warme Klima und die klare Luft zwischen Atlantik und Karibischem Meer die Antillen zu einem wahren Wellnessparadies. Alle guten Hotels haben wunderbare Spas mit Beautyprogrammen, Massagen und allen erdenklichen Entspannungspraktiken für Körper, Geist und Seele im Angebot.

FAHRRAD FAHREN

Die Karibik per Fahrrad zu erkunden ist immer beliebter geworden. Fast überall kann man Räder leihen. Viele Inseln haben Berge, die über 1000 m hoch sind.

Ob 10 Meter unter oder 1000 Meter über dem Meeresspiegel – jeder Sportfan kommt in der Karibik auf seine Kosten

Auf Serpentinen durch den Regenwald zu strampeln ist eine Herausforderung für Fortgeschrittene! *Infos und Karten bei den Touristenbüros*

GOLF

Golfen ist bekanntlich ein ambitionierter Spaziergang, und der ist auf den Plätzen der Karibik, die man eher als „Golfgärten" bezeichnen könnte, besonders erquicklich und erholsam. Auf manchen Golfplätzen werden Leguane zu natürlichen Hindernissen, denn sie verwechseln die rollenden Golfbälle gern mit verspeisbaren Insekten. Aber im Normalfall geht es eher gemütlich zu ... Hier eine Auswahl der besten Golfplätze:

Antigua: *Cedar Valley Golf Club | Friar's Hill | Tel. 268 4 62 01 61*
Barbados: *Golf Club | Tel. 246 4 28 84 63*
Grenada: *Grenada Golf and Country Club | Woodlands | Tel. 473 4 44 41 28*
Guadeloupe: *Saint-François Golf Club (18 Löcher) | Tel. 590 88 41 87 | www.saint-francois-golf.com*

Martinique: Golf Country Club de la Marti-nique | Trois-Îlets | Tel. 596 68 32 81 | www.golfmartinique.com
Nevis: Four Seasons Resort | Pinney's Beach | Tel. 869 4 69 11 11
St. Kitts: Royal St. Kitts Golf Club | Frigate Bay | Tel. 869 4 66 27 00 | www.royalstkittsgolfclub.com
St. Lucia: St. Lucia Golf and Country Club | Cap Estate | Tel. 758 4 52 85 23

Cruises und allen erdenklichen Offshore-Vergnügungen. Auskunft geben die Touristenbüros auf den jeweiligen Inseln.
Anguilla: Sandy Island Enterprises | Sandy Ground | Tel. 264 4 76 65 34
Antigua: Yacht Club | Tel. 268 4 60 17 99 | www.antiguayachtclub. com
Grenada: Carib Cats | Tel. 473 4 44 32 22
St. Vincent: Barefoot Yacht Charters | Blue Lagoon | Tel. 784 4 56 95 26 | www.barefootyachts.com

SEGELN & WINDSURFEN

Hier ist ⭐ *Segeln* ein Traum! Auf allen Inseln gibt es Charterfirmen, die Tagesausflüge mit dem Boot, Segelkurse sowie Segelboote mit oder ohne Skipper anbieten. Die Passatwinde lassen so gut wie keine Flaute aufkommen, und die flachen Gewässer um die Inseln herum machen eine *navigation by eyeball*, eine Navigation „über den Daumen" gepeilt, möglich. `INSIDER TIPP` **Die schönsten Segelreviere liegen vor St. Vincent und den Grenadinen**. Windsurfen kann man überall; fast alle Hotels verleihen Bretter. Auf allen Inseln werden Segelregatten und Surfmeisterschaften veranstaltet, inklusive Partys, ⬤ stimmungsvollen Sunset

TAUCHEN & SCHNORCHELN

Die Inseln mit ihren Korallenriffen, klaren Gewässern, vielfältigen Fischbeständen und exotischen Muscheln sind ein Paradies für alle, die sich gerne unter Wasser bewegen. Für Taucher und Schnorchler wird vom Anfängerkurs bis zum Wracktauchen alles geboten. Aber Achtung: Vermeiden Sie den Kontakt mit Korallensegmenten! Sie sind sehr scharfkantig und können üble Wunden verursachen. Ein Tauchparadies ist *Saba* mit Unterwasserbergen, schwarzen Korallen und versunkenen Lavaströmen. Die Riffs der Gewässer um *St-Martin* sind weitgehend unbeschädigt, und der Unterwasserpark

Wind, Wasser, Palmen: Surferglück vor Guadeloupe

Schöne, abwechslungsreiche Trekking- und Wanderstrecken bietet die Insel Dominica

Buck Island bei St. Croix bietet „Tauchwanderungen". Auch die Korallenschluchten bei *Canebay* lohnen auf St. Croix einen Tiefgang. Überdies kann man hier gut Wrack- und Nachttauchen. Die Grenadinen sind ideal zum Schnorcheln. Vor allem *Canouan, Palm Island* und *Petit St. Vincent* haben viele Korallenriffs mit einer bunten Fischwelt. Gute Adressen:
Antigua: Dive Antigua | Tel. 268 4 62 34 83 | www.diveantigua.com
Barbados: Eco Dive Barbados | Tel. 246 4 22 31 33 | www.ecodivebarbados.com
B.V.I.: Blue Water Divers | Nanny Cay Dive Center | Road Town | Tortola | Tel. 284 4 95 12 00 | www.bluewaterdiversbvi.com
Dominica: Dive Dominica | Castle Comfort | Tel. 767 4 48 21 88 | www.divedominica.com
Saba: Saba Deep | Fort Bay | Tel. 599 4 16 33 47 | www.sabadeep.com
St. Croix: Cane Bay Dive Shop | Route 80 | Tel. 340 718 33 07 | www.canebayscuba.com
St. Lucia: The Moorings | Marigot Bay | Tel. 758 4 51 43 57

St-Martin: Octopus Diving | Grand Case | Tel. 590 29 11 27 | www.octopusdiving.com
St. Vincent: Dive St. Vincent | Tel. 784 4 57 47 14 | www.divestvincent.com

WANDERN & TREKKING

Die Vulkaninseln mit ihren Regenwäldern und moderaten Klimaverhältnissen machen Wandern zu einem besonderen Erlebnis, mit tollen Blicken aufs Meer und die Nachbarinseln. Nach steilen Aufstiegen lockt auf manchen Inseln das Bad im Pool eines Wasserfalls. Das Ziel ist oftmals der Krater eines Vulkans. Auf geführte Touren haben sich u. a. spezialisiert:
Dominica: **INSIDER TIPP** *Dominica Tours | Anchorage Hotel | Tel. 767 4 48 26 38*
Guadeloupe: Anse Caraïbe | Point Noir | Tel. 590 98 61 74 | www.ecotourisme-guadeloupe.org
St. Kitts: Greg's Safaris | Tel. 869 4 65 41 21 | www.gregssafaris.com
St. Lucia: St. Lucia Forrestry Dept. | Tel. 758 4 68 56 48

MIT KINDERN UNTERWEGS

Alle Kinder lieben den Strand und das Meer! Schwer vorstellbar also, dass sie sich in der Karibik nicht wohlfühlen könnten. Kinder sind auf allen Inseln willkommen, und viele Hotels und Resorts haben in den letzten Jahren spezielle Kinderprogramme, sogenannte *kids klubs*, entwickelt, die für die Kleinen bestmögliche (und vor allem betreute) Unterhaltung bieten. Im Übrigen wird auf allen Inseln zur Festivalzeit ein *Kids Carnival* gefeiert, bei dem Kinderkostüme hergestellt und extra Kinderfestivitäten veranstaltet werden.

BARBADOS

BARBADOS WILDLIFE RESERVE
(156 C2) (*H7*)
Im *Barbados Wildlife Reserve,* einem dicht bewaldeten Gehege, können Sie einheimische Tiere bewundern. Im Unterholz neben den schmalen Pfaden rascheln Landschildkröten ebenso wie die barbadischen Affen *(green monkeys)*. Ein kleiner Teich beherbergt Krokodile und Fischotter. Die größte Touristenattraktion aber ist eine **INSIDER TIPP** Freiflugvoliere, die durch eine Art Schleuse betreten wird. In der Voliere befinden sich Vögel aller Arten aus der Karibik und Südamerika. *Tgl. 10–17 Uhr | Eintritt BDS$ 24, Kinder 12 | Busse fahren von Bridgetown, Speightstown und Bathsheba aus zum Farley Hill National Park*

RUM FACTORY AND HERITAGE PARK
(157 E5) (*H7*)
Barbados' erste Zuckerfabrik wurde erst im 20. Jh. gebaut, die Plantage selbst ist allerdings schon gut 350 Jahre alt. Hier kann man den Prozess der Zuckerraffinade und der Rumherstellung verfolgen. Die Kinder freuen sich über einen kleinen Streichelzoo und das Ponyreiten. Außerdem gibt es ein Heimatmuseum, einen Kunsthandwerksmarkt und eine Kunstgalerie. *Mo–Fr 9–17, Sa 20–21, So 12–18 Uhr | Eintritt frei | Foursquare Plantation | St. Philip | Tel. 246 4 20 19 77 |*

WINDWARD ISLANDS

PIGEON ISLAND VOR ST. LUCIA
(151 E1) (*F6*)
Die mit St. Lucia durch einen Damm verbundene Insel war immer wieder Schauplatz der Geschichte: Hier wurden Überreste indianischer Ureinwohner gefunden, der Pirat Jambe de Bois (Holzbein) fand Unterschlupf in einer Höhle, von hier aus setzte Admiral Rodney 1782

Planschen pur: grenzenloses Wasservergnügen mit Sonnengarantie, dazu Affen, Schildkröten und bunte Fische

Segel, um gegen die Franzosen zu kämpfen. Ruinen und Festungen belegen die unruhige Vergangenheit. Die beiden Strände laden zum Bad, es gibt ein Restaurant und Picknickplätze. Das Museum in der Offiziersmesse informiert über die historischen Geschehnisse. *Tgl. 9–17 Uhr | Eintritt US $ 7, Kinder 3 | Pigeon Island | St. Lucia National Trust | Tel. 758 4 52 50 05 | E*

WHALEWATCHING VOR DOMINICA
(150) *(⅏ F4–5)*

Es ist zu 90 Prozent wahrscheinlich, auf einer geführten Bootstour Buckelwale, Orkas, Zwergwale oder Delphine zu Gesicht zu bekommen. Die meisten Spezies sieht man von November bis Februar, wenn die Wale in den wohltemperierten Gewässern vor der Insel ihre Kälber zur Welt bringen. Bester Touranbieter auf Dominica ist *The Anchorage Dive & Whale Watch Center (ca. US $ 50 pro Person | Anchorage Hotel | Castle Comfort | Tel. 767 4 48 21 88)*.

LEEWARD ISLANDS

AFFEN AUF ST. KITTS
(145 D4–5/E5–6) *(⅏ E3)*

Auf der Südhalbinsel von St. Kitts leben in den Hügeln Horden wilder Affen der Spezies Grüne Meerkatze *(Green Monkey)*. Ihre Population beträgt inzwischen das Doppelte der Einwohner von St. Kitts. Die Einheimischen verteufeln sie als „Obst- und Eierdiebe", trotzdem sind sie natürlich gern gesehene Clowns – eine echte Attraktion, nicht nur für Kinder.

VIRGIN ISLANDS

INSIDER TIPP ▶ **CORAL WORLD OCEAN PARK** ● (140 C2) *(⅏ B1)*

Nemo lässt grüßen: Auf St. Thomas können die Kinder durch riesige Glasscheiben das farbenprächtige Treiben der Fische und anderen Meerestiere in einem lebenden Korallenriff bestaunen. *Tgl. 9–16 Uhr | Eintritt US $ 19, Kinder 10 | Route 6 Coki Point | www.coralworldvi.com*

EVENTS,
FESTE & MEHR

Die Tradewinds vermögen es vielleicht, den karibischen Sommer einigermaßen kühl zu halten – gegen die Hitze des Carnivalfiebers kommen sie nicht an! Jede Insel hat „ihren" ⭐ *Carnival* zu einer bestimmten Jahreszeit. Dann ist im wahrsten Sinne des Wortes „der Teufel los", denn Satansmasken dürfen nicht fehlen. Die bunten, phantasievollen Kostüme werden auf den Straßen tanzend vorgestellt. Bei Kings- und Queensshows werden die Kandidaten an den Gewinnern des Vorjahres gemessen, nonstop untermalt von den Klängen der Steeldrums. Calypsosänger präsentieren ihre frechen Songs – eine westindische Tradition, bei der Politik und Tagesgeschehen musikalisch aufs Korn genommen werden. Alles ist in Bewegung, jeder lässt die Hüften kreisen *(wining)* und tanzt.

FESTE & VERANSTALTUNGEN

JANUAR
Grenada Sailing Festival: Regatta mit Kunsthandwerksmarkt und Straßenfest
Barbados Jazz Festival: internationale Musiker und einheimische Talente, *www.barbadosjazzfestival.com*

FEBRUAR
Holetown Festival Barbados: Gedenktag für die ersten europäischen Siedler 1627
INSIDER TIPP ▶ *Carnival* auf den Französischen Inseln

MÄRZ
Carnival auf Dominica und Virgin Gorda

APRIL
Oistins Fish Festival Barbados: großes Straßenfest im Fischerdorf Oistin mit Bootsrennen, Angelwettbewerben, Tanz
INSIDER TIPP ▶ *Sailing Week Antigua:* mehr als 300 Boote aller Klassen treten zum Rennen an. *Info: www.sailingweek.com*
Carnival auf Sint Maarten, St. Thomas und St. Croix
Spring Regatta: Bootsrennen zwischen den British Virgin Islands. *Info: www.bvispringregatta.org/BVI*
Easter Regatta auf Grenada, Motorbootrennen, Dinghirennen, Musik

MAI
INSIDER TIPP ▶ *Jazzfestival* auf St. Lucia, Open-Air-Veranstaltung mit riesigem Andrang; internationale Jazzlegenden sowie Soca, Zouk, Reggae und Salsa. *www.stluciajazz.com*

Ohne Musik geht nichts: Das wichtigste Fest auf allen Inseln ist der Carnival (Karneval) – karibisch bunt und laut

Carnival auf Barbuda

⭐ ***Foxy's Wooden Boat Regatta*** auf Jost van Dyke, Holzbootrennen in Great Harbour. *Info: www.foxysbar.com/home. html*

JUNI

🟢 ***Carnival*** auf St. Vincent („Vincey Mas"), ein lebenslustiges, buntes Straßenspektakel, das Ende Juni, Anfang Juli ausgelassen gefeiert wird
St. Kitts Music Festival: Rock, Blues, Reggae, Calypso, Gospel, Rap. *Info: www. stkittsmusicfestival.net*

JULI

Crop Over Festival auf Barbados, Paraden und Calypsowettbewerb zum Fest der Zuckerrohrernte. *www.barbados.org/ cropover.htm*
Carnival auf Antigua, Saba, Sint Eustatius, St. John, St. Lucia

AUGUST

Carnival auf Grenada, Tortola, Anguilla
St. Lucia Racing Festival: Regatta, Party, Straßenfeste

SEPTEMBER

National Dance Festival St. Vincent: klassischer Tanz, Volkstanz, Ballett, Steptanz

OKTOBER

World Music Creol Festival auf Dominica, drei Tage kreolische Musik, Tanz, kulturelle Veranstaltungen. *Info: www. wcmfdominica.com*

NOVEMBER

National Independence Festival of Creative Arts auf Barbados, Theater, Konzerte, Ausstellungen

DEZEMBER

Carnival auf St. Kitts/Nevis
Saba Days: Mini-Karneval mit Eselrennen, Steelbands und Tanz

LINKS, BLOGS, APPS & CO.

LINKS & BLOGS

www.marcopolo.de/karibik-kleine-ant Alles auf einen Blick zu Ihrem Reiseziel: Interaktive Karten inklusive Planungsfunktion, Impressionen aus der Community, aktuelle News und Angebote …

www.carilat.de Anschaulich aufgemachtes, informatives Reisemagazin zu Süd- und Mittelamerika mit Artikeln, Berichten, Stories, Newslettern und Fotogalerien zu den Antillen

www.definitivecaribbean.com Essen & Trinken, Restaurant-Reviews, Reisen, Musik, Tauchen, Yachtcharter, News und vieles mehr

short.travel/kka1 Bei *reisen-experten.de* kann man sich z.B. über das Klima und das Wetter in der Karibik informieren. Außerdem gibt es Reiseinformationen, Last-Minute-Angebote, Flughafeninfos, Reiseweb, Reiseblogs und mehr

www.caribbean.co.uk Die offizielle Tourismus-Website der Karibik bietet einen guten Überblick über Reiseziele, Hotels & Resorts, Flora & Fauna, Freizeitaktivitäten, Geschichte und Landesnatur; mit interaktiver Karte (Engl.)

www.scubaboard.com/forums/lesser-antilles Forum mit interessanten Tauchtipps, Inselvergleichen, Warnungen vor Nepp und Reinfällen, Infos zu Unterkünften, Reiseplanung, Cruises

short.travel/kka2 Bei Holiday-Check gibt es Tipps zu den lohnendsten Zielen der Inseln, zu Wasser oder zu Lande. An- und Abfahrtszeiten von Fähren etc., Preise und vieles mehr

www.travelblog.org/Central-America-Caribbean/ Hintergrundinformationen zu den einzelnen Inseln. Highlights, Hints und Tipps, Fotos, Blogs, Forum Topics (Engl.)

www.arizonas-world.de/html/cele-karibik.html Persönlicher Blog eines Karibikkreuzfahrtpassagiers. Reiseberichte mit Karten und Fotos

Egal, ob für Ihre Reisevorbereitung oder vor Ort: Diese Adressen bereichern Ihren Urlaub. Da manche sehr lang sind, führt Sie der short.travel-Code direkt auf die beschriebenen Websites. Falls bei der Eingabe der Codes eine Fehlermeldung erscheint, könnte das an Ihren Einstellungen zum anonymen Surfen liegen

www.shecaribbean.com Erstes karibisches Frauenmagazin, mit Home-Base St. Lucia. Mode, Kochen, Reisen, Berichte, Tipps für die westindische Weiblichkeit

www.caribbean-on-line.com Alles über die Inseln, von Webcams bis zu Reisetipps, Reiseforen, Buch- und Reiseführerempfehlungen, Landkarten, Stadtpläne, Magazine, Wetter und User-Reviews

www. facebook.com Alle Inseln der Kleinen Antillen haben inzwischen ihr eigenes Profil auf Facebook angelegt. Hier erfährt man alle Neuigkeiten der Inseln, erhält interessante Angebote, kann sich einstimmende Fotos ansehen und mit Gleichgesinnten chatten

www.munduslingua.com Netzwerk für kulturellen Austausch und Sprachen (anmeldepflichtig).

short.travel/kka3 *Relax Best Caribbean Beach:* Karibik-Feeling pur! – ein Entspannungsvideo mit weißem Sandstrand, türkisblauem Meer und plätschernden Wellen ...

short.travel/kka4 *Wunder der Karibik:* Inspirierende 10 Minuten lang werden die karibischen Inseln in prächtigen Farben und atemberaubenden Bildern vorgestellt. Ideal für triste Winterabende ...

www.muzikmedia.com Top-Ten-Videos, karibische News, westindische Küche, Interviews, Events, Chatroom

VIDEOS & MUSIK

St. Lucia Adventure Guide Insider-Informationen jenseits der ausgetretenen Touristenpfade

Antigua and Barbuda Islands Travel Guide Videos, Bilder, News von bzw. zu den Leeward Islands Antigua und Barbuda

Barbados! Letzte News, Updates, Hotels, Mietwagen, Bilder, Videos und nützliche Reiseangebote

APPS

PRAKTISCHE HINWEISE

ANREISE

Die Fluggesellschaften Air France, British Airways und KLM fliegen direkt oder mit einem Zwischenstopp auf die Kleinen Antillen. Air France fliegt Guadeloupe, Martinique und St-Martin an, British Airways Antigua, Barbados, Grenada und St. Lucia und KLM Sint Maarten. US-Gesellschaften bieten Linienflüge von verschiedenen deutschen Städten aus mit Zwischenstopp in den USA nach Antigua, Barbados, St. Lucia und St. Thomas an. Wenn Sie die nördlichen Kleinen Antillen bereisen wollen, können Sie auch mit American Airlines, British Airways oder Air France nach Puerto Rico und von da aus mit American Eagle oder Liat weiterfliegen.

GRÜN & FAIR REISEN

Auf Reisen können auch Sie viel bewirken. Behalten Sie nicht nur die CO_2-Bilanz für Hin- und Rückreise im Hinterkopf *(www.atmosfair.de; de.myclimate.org)* – etwa indem Sie Ihre Route umweltgerecht planen *(www.routerank.com)* – , sondern achten Sie auch Natur und Kultur im Reiseland *(www.gate-tourismus. de; www.ecotrans.de)*. Gerade als Tourist ist es wichtig, auf Aspekte wie Naturschutz *(www.nabu.de; www. wwf.de)*, regionale Produkte, wenig Autofahren, Wassersparen und vieles mehr zu achten. Wenn Sie mehr über ökologischen Tourismus erfahren wollen: europaweit *www.oete.de*; weltweit *www.germanwatch.org*

Einen Flug von Deutschland nach Guadeloupe mit Air France bekommen Sie in der Nebensaison ab 550 Euro; in der Hochsaison über Weihnachten/Neujahr kostet er häufig über 1000 Euro. Ein Flug mit British Airways nach Antigua ist in der Nebensaison ab 800 Euro zu haben, Weihnachten/Neujahr ab 1200 Euro. Erkundigen Sie sich auch nach Charterflügen (Condor, LTU). Weiterflüge auf eine der kleineren Inseln sind mit Liat möglich (Flüge lassen sich schon in Europa buchen). Lassen Sie Ihren Rückflug 72 Stunden vorher bestätigen! Flugzeit (je nach Dauer des Zwischenstopps): 9–14 Stunden.

Wer sehr viel Zeit hat, kann auch als Passagier eines Frachters in die Karibik reisen. Eine 42-tägige Rundreise auf einem Vollcontainerschiff kostet z.B. gut 4000 Euro. Man kann auch nur eine einfache Passage buchen und dann auf einer der Inseln von Bord gehen (Einzelstrecke ca. 1995 Euro). *Frachtschiff-Reisen-Zentrum | Hamburg-Süd Reiseagentur | Domstr. 21 | 20095 Hamburg | Tel. 040 37 05 25 93 | www.hamburgsued-frachtschiffreisen.de*

AUSKUNFT

Die Touristenbüros der jeweiligen Inseln sind in den entsprechenden Kapiteln angegeben. Leider ändern sich die Adressen der Touristenbüros in Deutschland häufig.

ANGUILLA TOURIST BOARD
Exclusive and Different | Kunigunden-str. 28 | 80802 München | Tel. 089 54 34 87 63

Von Anreise bis Zoll

Urlaub von Anfang bis Ende: die wichtigsten Adressen und Informationen für Ihre Karibik-Reise

ANTIGUA AND BARBUDA DEPARTMENT OF TOURISM
Victoria House | Victoria Road | Chelmsford | Essex CM11JR UK | Tel. 0044 12 45 70 74 71 | www.antigua-barbuda.de

BARBADOS TOURISM MARKETING INC.
Aviareps Tourism GmbH | Josephspitalstr. 15 | 80331 München | Tel. 089 5 52 53 38 34 | www.visitbarbados.co

BRITISH VIRGIN ISLANDS TOURIST OFFICE
Schwarzbachstr. 32 | 40822 Mettmann | Tel. 02104 28 66 71 | www.bvitourism.de

ST KITTS & NEVIS DEPARTMENT OF TOURISM
Leonardstr. 22 | 61169 Friedberg | Tel. 06031 73 76 30 | www.karibik.de/stkitts-nevis

FREMDENVERKEHRSAMT GUADELOUPE
Postfach 140212 | 70072 Stuttgart | Tel. 07115 05 35 11 | fva.guadeloupe@t-online. de

GRENADA BOARD OF TOURISM
Schenkendorfstr. 1 | 65187 Wiesbaden | Tel. 0611 2 67 67 20 | www.grenadagrenadines.com

ST. LUCIA TOURIST BOARD
Kälberstücksweg 59 | 61350 Bad Homburg | Tel. 06172 4 99 41 38 | www.jetztsaintlucia.de

Als gemeinnütziger Verein organisierte Interessenvertretung für alle Karibischen Inseln in Deutschland:

ARBEITSGEMEINSCHAFT KARIBIK E. V.
Friedberger Anlage 21 | 60316 Frankfurt/M. | Tel. 069 40593777 | www.karibik.de

Hilfreiche Websites:
www.caribsurf.com | www.carilat.de | www.turq.com | www.karibik.de | www.doitcaribbean.com

WÄHRUNGSRECHNER

€	USD	USD	€
1	1,10	1	0,90
2	2,20	2	1,80
3	3,30	3	2,70
4	4,40	4	3,60
5	5,50	5	4,50
7	7,70	7	6,30
8	8,80	8	7,20
9	9,90	9	8,10
10	11,00	10	9,00

BUS

Busse sind ein viel genutztes Transportmittel. Haltestellen sind vor allem auf dem Land selten gekennzeichnet. Sie müssen danach fragen. Sagen Sie dem Busfahrer, wo Sie aussteigen wollen, und halten Sie Kleingeld bereit. Sie zahlen am Ziel.

DIPLOMATISCHE VERTRETUNGEN

DEUTSCHE BOTSCHAFT
7–9 Marli Street | P. O. Box 828 | Port-of-Spain | Trinidad | Tel. 001 86 86 28 16 30 | www.port-of-spain.diplo.de

ÖSTERREICHISCHE BOTSCHAFT

Avda. Orinoco | Las Mercedes Torre D&D | Oficina PT-N | 1060 Caracas | Venezuela | Tel. 0058 2129 99 12 11

SCHWEIZERISCHE BOTSCHAFT

Centro Lentonia | Torre Ing-Bank, P 15 | Avda. Eugenio Mendora y San Felipe | La Castellana | 1060 Caracas | Venezuela | Tel. 0058 2122 67 95 85

EINREISE

Europäer benötigen einen Reisepass und den Flugschein resp. eine Flugbuchung, der bzw. die belegt, dass Sie das Land innerhalb von drei Monaten wieder verlassen. Normalerweise bekommen Touristen einen Aufenthaltsstempel für einen Monat. Wer länger bleiben will, muss sich nach Ablauf des Monats einen neuen Stempel *(ca. US $ 10)* im Immigration Office abholen. Am Flughafen oder bereits im Flieger bekommt man eine *Immigration Card,* die man ausgefüllt wieder abgeben muss. Beim Abflug wird meist eine *Departure Tax (ca. US $ 10)* verlangt.

FOTOGRAFIEREN

Bevor Sie einen Einheimischen oder sein Haus fotografieren, sollten Sie ihn fragen, ob es ihn stört. Zwar reagieren die Bewohner der meisten Inseln im Allgemeinen auf dieses Ansinnen nicht so aggressiv wie z. B. auf Jamaika, trotzdem wird es als unhöflich empfunden, fremde Menschen ungefragt abzulichten.

GELD & WÄHRUNG

Auf den meisten Inseln der Kleinen Antillen wird mit dem East Caribbean Dollar („Ostkaribischer Dollar", Abkürzung EC $) bezahlt, obwohl der US-Dollar (US $) auch gerne genommen wird. Ausnahme sind die Virgin Islands (US $), die französischen Inseln (Euro), die niederländischen Inseln (Antillengulden, NAf) und Barbados (Barbadosdollar, BDS $). Ein bequemes und sicheres Zahlungsmittel sind Reiseschecks, die in allen Banken und in vielen Hotels eingelöst werden. Auch Kreditkarten der großen internationalen Organisationen werden inzwischen akzeptiert. Bei einigen Banken gibt es Geldautomaten, die man mit europäischen Karten nutzen kann.

GESUNDHEIT

Sie brauchen keine Impfungen. Empfehlenswert ist indes eine kombinierte Hepatitis- und eine Tetanusimpfung. Die medizinische Versorgung variiert von Insel zu Insel. Grundsätzlich wird man überall gut versorgt, in schlimmeren Fällen von einer kleinen Insel aus mit dem Hubschrauber auf die nächstgrößere mit Krankenhaus befördert. In der südlichen Karibik tritt das Chikungunya-Fieber auf, ein von Mücken übertragenes Virus, dessen Krankheitsverlauf meistens harmlos ist, das aber von starken Gelenkschmerzen begleitet wird. Schließen Sie auf jeden Fall eine Reisekrankenversicherung ab und nehmen Sie eine gut sortierte Reiseapotheke sowie Sonnencreme mit hohem Lichtschutzfaktor mit.

INSELHÜPFEN

Viele kleine Fluglinien verkehren zwischen den Inseln. Die beiden größten sind *Caribbean Airlines (Tel. 2 68 480 57 05 | www.caribbean-airlines.com)* und Liat *(Tel. 268 4 80 56 01 | www.liatairline.com).* Von beiden Airlines gibt es für Inselhüpfer *Air-Passes,* die innerhalb einer befristeten Zeit zu einer bestimmten Anzahl verbilligter Flüge berechtigen. Die

Airpässe sollten schon im europäischen Abflugland gebucht werden.

INTERNET & WLAN

Das Internet ist in der Karibik bei allen verbreitet, die internationale Geschäfte treiben, d. h. Hotels, Charterfirmen, Wassersport- und Tauchunternehmen, Touristenbüros usw. haben meist eigene Websites. Viele größere Hotels haben *business rooms*, in denen sie Gästen PCs mit Internetanschluss gegen Gebühr zur Verfügung stellen. Von manchen Hauptpostämtern kann man E-Mails versenden. WLAN-Hotspots gibt es auf den Kleinen Antillen überall. Die Hotels haben WLAN-Einrichtungen, und in Barbados kann man sich am Grantley Adams International Airport kabellos einloggen.
Interessante Websites: *www.expedia.de/hotelkaribik | www.accuweather.com | www.caribbeannewspapers.com | www.reise-forum.weltreiseforum.de | www.scubanova.de*

MASSE

Neben den englischen Maßeinheiten wie *miles* und *pounds* werden immer öfter Kilometer und Kilo gebraucht. 1 Meile = 1,609 km.

MIETWAGEN

Sie haben überall eine meist gute Auswahl an Fahrzeugen. Häufig werden kleine japanische Geländewagen vermietet, die Sie auch unbedingt buchen sollten, wenn Sie abseits der Hauptstraßen fahren möchten. Tagesmieten fangen bei ca. US$ 50 an. Bei wochenweiser Anmietung lassen die Preise deutlich nach. Wer nicht mit Kreditkarte bezahlt, muss in der Regel eine Kaution hinterlegen. Außerdem braucht man fast immer

einen temporären Inselführerschein, der aber sofort ausgestellt wird.

POST

Luftpost wird meist innerhalb einer Woche befördert, alles andere kann mehrere Wochen dauern. Die Postämter sind vormittags, Hauptpostämter auch nachmittags geöffnet.

REISEZEIT

Die Karibik kann das ganze Jahr über bereist werden. Der Sommer gilt als Regenzeit, die Temperaturen liegen bei 30 Grad. Im Spätsommer und im Herbst toben Hurrikane. Der Winter ist klimatisch am schönsten (obwohl es nachts manchmal kühl werden kann), dafür sind die Hotelpreise dann höher als im Sommer.

SICHERHEIT

Bis auf die US-Virgin Islands gehören die Kleinen Antillen zu den sichersten Urlaubszielen überhaupt. Die meisten Einheimischen schließen weder ihre

WAS KOSTET WIE VIEL?

Tauchen	50–80 Euro *für einen eintägigen Kurs*
Rum	8 Euro *für eine Flasche Mount Gay Rum*
Benzin	0,60–1,20 Euro *pro Liter Normalbenzin*
Imbiss	7–9 Euro *für Sandwich/Burger*
Cocktail	6–10 Euro *im Restaurant/Bar*
Busfahrt	1 Euro *für eine Busfahrkarte*

Haustür noch ihr Auto ab. Trotzdem ist es natürlich ratsam, keine Wertsachen offen im Hotel oder am Strand herumliegen zu lassen.

SPRACHE

Vermeiden Sie das saloppe US-amerikanische „Hi!", wenn Sie Einheimische begrüßen. Auf den Inseln ist es üblich (und höflich), etwas förmlicher „Good Morning", „Good Day", „Good Afternoon", „Good Evening" und (nach 19 Uhr) „Good Night" zu sagen.

STRASSENVERKEHR

Bis auf die holländischen und französischen Inseln gilt auf den Straßen Linksverkehr. Auf den Virgin Islands haben die Autos dennoch das Steuerrad auf der linken Seite. An schlecht überschaubaren Kurven wird meist gehupt, damit ein entgegenkommendes Fahrzeug gewarnt ist. Es empfiehlt sich unbedingt, vorsichtig und langsam zu fahren. Heftige Regenfälle und Stürme reißen immer wieder Schlaglöcher auf oder wehen Hindernisse auf die Straße, und überall können Ihnen Tiere über den Weg laufen.

STROM

Die Netzspannung variiert auf den einzelnen Inseln und manchmal sogar von Hotel zu Hotel zwischen 110 und 220 Volt. Auch die Stecker sind auf den einzelnen Inseln unterschiedlich. Es empfiehlt sich, einen internationalen Adapter mitzunehmen.

WETTER AUF MARTINIQUE

	Jan.	Feb.	März	April	Mai	Juni	Juli	Aug.	Sept.	Okt.	Nov.	Dez.
Tagestemperaturen in °C	28	29	29	30	31	30	30	31	31	31	30	29
Nachttemperaturen in °C	21	21	21	22	23	23	23	23	23	23	22	22
☀	8	8	8	8	8	7	7	8	7	7	7	7
☂	21	17	18	19	21	24	27	25	23	23	22	23
≈	26	26	27	27	27	27	28	28	28	28	28	27

☀ Sonnenschein Stunden/Tag ☂ Niederschlag Tage/Monat ≈ Wassertemperaturen in °C

TAXI

Es gibt auf allen Inseln genug Taxis. Den Fahrpreis sollten Sie passend bereithalten. Eine billige Alternative ist das Sammeltaxi. Es heißt im französischen Sprachraum *Public* oder *Tap Tap,* auf den englischsprachigen Inseln *Jitney*, *Cab* oder *Bus*. Bezahlen müssen Sie individuell.

TELEFON & HANDY

Das Telefonieren erfolgt über Satellit, somit ist die Verständigung ausgezeichnet. Eine Minute nach Mitteleuropa kostet ca. US $ 3. Jede Insel verkauft ihre eigenen Telefonkarten, die an öffentlichen Fernsprechern (meist beim Postoffice) benutzt werden können. Die Vorwahlen für Deutschland, Österreich und die Schweiz lauten: 01149 (D), 01143 (A), 01141 (CH). Die Vorwahl für die Antillen ist 001. Die Vorwahlen für die einzelnen Inseln sind im Band angegeben. Nur wenige deutsche Handy-Anbieter haben Roaming-Verträge mit den Kleinen Antillen.

TRINKGELD

Oft ist auf Gastronomierechnungen ein Bedienungszuschlag *(service charge)* bereits ausgewiesen. Andernfalls sind 10 bis 15 Prozent üblich. Auch bei den oft selbst ernannten Sightseeing-Führern sollte man nicht kleinlich sein. Bei den All-Inclusive-Resorts empfiehlt es sich, zum Schluss ein kleines Trinkgeld fürs Personal zu hinterlassen.

ZEIT

Auf den Kleinen Antillen gilt die *Eastern Standard Time* (Mitteleuropäische Zeit minus 5 Std. bzw. minus 6 Std. zur Sommerzeit).

Karibische Cocktails – nicht nur bunt, sondern auch lecker

ZOLL

Die Vorschriften unterscheiden sich je nach Territorium. Meist dürfen 200 Zigaretten, 50 Zigarren oder 250 g Tabak, 1 l Alkohol und Geschenke im Wert von US$ 100 mitgebracht werden. Verboten ist in der Regel die Einfuhr von Fleisch, Obst, Rauschgift und Waffen. In die EU eingeführt werden dürfen Waren für den persönlichen Bedarf im Wert von bis zu 430 Euro, 2 l Wein oder 2 l andere Alkoholika bis 22 Prozent, 50 g Parfüm, 0,25 l Eau de Toilette, 500 g Kaffee sowie 200 Zigaretten oder 100 Zigarillos oder 50 Zigarren oder 250 g Tabak. Für die Schweiz gelten z.T. andere Mengen. Auskunft über aktuelle Bestimmungen: *www.zoll.de*

SPRACHFÜHRER ENGLISCH

AUSSPRACHE

Zur Erleichterung der Aussprache sind alle englischen Wörter mit einer einfachen Aussprache (in eckigen Klammern) versehen. Folgende Zeichen sind Sonderzeichen:

θ   hartes [s] (gesprochen mit Zungenspitze an der oberen Zahnreihe, zischend)

D   weiches [s] (gesprochen mit Zungenspitze an der oberen Zahnreihe, summend)

'   nachfolgende Silbe wird betont

ə   angedeutetes [e] (wie in „Bitte")

AUF EINEN BLICK

ja/nein/vielleicht	yes [jäs]/no [nəu]/maybe [mäibi]
bitte/danke	please [plihs]/thank you [θänkju]
Entschuldige!	Sorry! [Sori]
Entschuldigen Sie!	Excuse me! [Iks'kjuhs mi]
Darf ich ...?	May I ...? [mäi ai ...?]
Wie bitte?	Pardon? ['pahdn?]
Ich möchte .../Haben Sie ...?	I would like to ...[ai wudd 'laik tə ...]/ Have you got ...? ['Həw ju got ...?]
Wie viel kostet ...?	How much is ...? ['hau matsch is ...]
Das gefällt mir (nicht).	I (don't) like this. [Ai (dəunt) laik Dis]
gut/schlecht	good [gud]/bad [bäd]
offen/geschlossen	open ['oupän]/closed ['klousd]
kaputt/funktioniert nicht	broken ['brəukən]/doesn't work ['dasənd wörk]
Hilfe!/Achtung!/Vorsicht!	Help! [hälp]/Attention! [ə'tänschən]/Caution! ['koschən]

BEGRÜSSUNG & ABSCHIED

Guten Morgen!/Tag!	Good morning! [gud 'mohning]/ afternoon! [aftə'nuhn]
Gute(n) Abend!/Nacht!	Good evening! [gud 'ihwning]/night! [nait]
Hallo!/Auf Wiedersehen!	Hello! [hə'ləu]/Goodbye! [gud'bai]
Tschüss!	Bye! [bai]
Ich heiße ...	My name is ... [mai näim is ...]
Wie heißen Sie/heißt Du?	What's your name? [wots jur näim?]
Ich komme aus ...	I'm from ... [Aim from ...]

Do you speak English?

„Sprichst du Englisch?" Dieser Sprachführer hilft Ihnen, die wichtigsten Wörter und Sätze auf Englisch zu sagen

DATUMS- & ZEITANGABEN

Montag/Dienstag	monday ['mandäi]/tuesday ['tjuhsdäi]
Mittwoch/Donnerstag	wednesday ['wänsdäi]/thursday ['θöhsdäi]
Freitag/Samstag	friday ['fraidäi]/saturday ['sätərdäi]
Sonntag/Werktag	sunday ['sandäi]/weekday ['wihkdäi]
Feiertag	holiday ['holidäi]
heute/morgen/gestern	today [tə'däi]/tomorrow [tə'morəu]/yesterday ['jästədäi]
Stunde/Minute	hour ['auər]/minutes ['minəts]
Tag/Nacht/Woche	day [däi]/night [nait]/week [wihk]
Monat/Jahr	month [manθ]/year [jiər]
Wie viel Uhr ist es?	What time is it? [wot 'taim is it?]
Es ist drei Uhr.	It's three o'clock. [its θrih əklok]

UNTERWEGS

links/rechts	left [läft]/right [rait]
geradeaus/zurück	straight ahead [streit ə'hät]/back [bäk]
nah/weit	near [niə]/far [fahr]
Eingang/Einfahrt	entrance ['äntrənts]/driveway ['draifwäi]
Ausgang/Ausfahrt	exit [ägsit]/exit [ägsit]
Abfahrt/Abflug/Ankunft	departure [dih'pahtschə]/departure [dih'pahtschə]/arrival [ə'raiwəl]
Darf ich Sie fotografieren?	May I take a picture of you? [mäi ai täik ə 'piktscha of ju?]
Wo ist ...?/Wo sind ...?	Where is ...? ['weə is...?]/Where are ...? ['weə ahr ...?]
Toiletten/Damen/Herren	toilets ['toilət] (auch: restrooms [restruhms])/ladies ['läidihs]/gentlemen ['dschäntlmən]
Bus/Straßenbahn	bus [bas]/tram [träm]
U-Bahn/Taxi	underground ['andəgraunt]/taxi ['tägsi]
Parkplatz/Parkhaus	parking place ['pahking pläis]/car park ['kahr pahk]
Stadtplan/(Land-)Karte	street map [striht mäp]/map [mäp]
Bahnhof/Hafen	(train) station [(träin) stäischən]/harbour [hahbə]
Flughafen	airport ['eəpohrt]
Fahrplan/Fahrschein	schedule ['skädjuhl]/ticket ['tikət]
Zug/Gleis	train [träin]/track [träk]
einfach/hin und zurück	single ['singəl]/return [ri'törn]
Ich möchte ... mieten.	I would like to rent ... [Ai wud laik tə ränt ...]
ein Auto/ein Fahrrad	a car [ə kahr]/a bicycle [ə 'baisikl]
Tankstelle	petrol station ['pätrol stäischən]
Benzin/Diesel	petrol ['pätrəl]/diesel ['dihsəl]
Panne/Werkstatt	breakdown [bräikdaun]/garage ['gärasch]

ESSEN & TRINKEN

Reservieren Sie uns bitte für heute Abend einen Tisch für vier Personen.	Could you please book a table for tonight for four? [kudd juh 'plihs buck ə 'täibəl for tunait for fohr?]
Die Speisekarte, bitte.	The menue, please. [Də 'mänjuh plihs]
Könnte ich bitte ... haben?	May I have ...? [mäi ai häw ...?]
Messer/Gabel/Löffel	knife [naif]/fork [fohrk]/spoon [spuhn]
Salz/Pfeffer/Zucker	salt [sohlt]/pepper ['päppə]/sugar ['schuggə]
Essig/Öl	vinegar ['vinigə]/oil [oil]
Milch/Sahne/Zitrone	milk [milk]/cream [krihm]/lemon ['lämən]
mit/ohne Eis/Kohlensäure	with [wiD]/without ice [wiD'aut ais]/gas [gäs]
Vegetarier(in)/Allergie	vegetarian [wätschə'täriən]/allergy ['ällədschi]
Ich möchte zahlen, bitte.	May I have the bill, please? [mäi ai häw De bill plihs]
Rechnung/Quittung	invoice ['inwois]/receipt [ri'ssiht]

EINKAUFEN

Wo finde ich ...?	Where can I find ...? [weə kän ai faind ...?]
Ich möchte .../Ich suche ...	I would like to ... [ai wudd laik tu]/I'm looking for ... [aim luckin foə]
Brennen Sie Fotos auf CD?	Do you burn photos on CD? [Du ju börn 'fəutəus on cidi?]
Apotheke/Drogerie	pharmacy ['farməssi]/chemist ['kemist]
Bäckerei/Markt	bakery ['bäikəri]/market ['mahkit]
Lebensmittelgeschäft	grocery ['grəuscheri]
Supermarkt	supermarket ['sjupəmahkət]
100 Gramm/1 Kilo	100 gram [won 'handrəd gräm]/1 kilo [won kiləu]
teuer/billig/Preis	expensive [iks'pänsif]/cheap [tschihp]/price [prais]
mehr/weniger	more [mor]/less [läss]
aus biologischem Anbau	organic [or'gännik]

ÜBERNACHTEN

Ich habe ein Zimmer reserviert.	I have booked a room. [ai häw buckt ə ruhm]
Haben Sie noch ...?	Do you have any ... left? [du ju häf änni ... läft?]
Einzelzimmer	single room ['singəl ruhm]
Doppelzimmer	double room ['dabbəl ruhm] (Bei zwei Einzelbetten: twin room ['twinn ruhm])
Frühstück/Halbpension	breakfast ['bräckfəst]/half-board ['hahf boəd]
Vollpension	full-board [full boəd]
Dusche/Bad	shower ['schauər]/bath [bahθ]
Balkon/Terrasse	balcony ['bälkəni]/terrace ['tärräs]
Schlüssel/Zimmerkarte	key [ki]/room card ['ruhm kahd]
Gepäck/Koffer/Tasche	luggage ['laggətsch]/suitcase ['sjutkäis]/bag [bäg]

BANKEN & GELD

Bank/Geldautomat	bank [bänk]/ATM [äi ti äm]/cash machine ['käschməschin]
Geheimzahl	pin [pin]
Ich möchte ... Euro wechseln.	I'd like to change ... Euro. [aid laik tu tschäindsch ... iuhro]
bar/ec-Karte/Kreditkarte	cash [käsch]/ATM card [äi ti äm kahrd]/credit card [krädit kahrd]
Banknote/Münze	note [nout]/coin [koin]
Wechselgeld	change [tschäindsch]

TELEKOMMUNIKATION & MEDIEN

Ich suche eine Prepaid-karte.	I'm looking for a prepaid card. [aim 'lucking fohr ə 'pripäid kahd]
Wo finde ich einen Internetzugang?	Where can I find internet access? [wär känn ai faind 'internet 'äkzäss?]
Brauche ich eine spezielle Vorwahl?	Do I need a special area code? [du ai nihd ə 'späschəl 'äria koud?]
Computer/Batterie/Akku	computer [komp'jutə]/battery ['bättəri]/recharge-able battery [ri'tschahdschəbəl 'bättəri]
At-Zeichen („Klammeraffe")	at symbol [ät 'simbəl]
Internetanschluss/WLAN	internet connection ['internet kə'näktschən]/Wifi [waifai] (auch: Wireless LAN ['waərläss lan])
E-Mail/Datei/ausdrucken	email ['imäil]/file [fail]/print [print]

ZAHLEN

0	zero ['sirou]		18	eighteen [äi'tihn]
1	one [wan]		19	nineteen [nain'tihn]
2	two [tuh]		20	twenty ['twänti]
3	three [θri]		21	twenty-one ['twänti 'wan]
4	four [fohr]		30	thirty [θör'ti]
5	five [faiw]		40	fourty [fohr'ti]
6	six [siks]		50	fifty [fif'ti]
7	seven ['säwən]		60	sixty [siks'ti]
8	eight [äit]		70	seventy ['säwənti]
9	nine [nain]		80	eighty ['äiti]
10	ten [tän]		90	ninety ['nainti]
11	eleven [i'läwn]		100	(one) hundred [('wan) 'handrəd]
12	twelve [twälw]		200	two hundred ['tuh 'handrəd]
13	thirteen [θör'tihn]		1000	(one) thousand [('wan) θausənd]
14	fourteen [fohr'tihn]		2000	two thousand ['tuh θausənd]
15	fifteen [fif'tihn]		10000	ten thousand ['tän θausənd]
16	sixteen [siks'tihn]		1/2	a/one half [ə/wan 'hahf]
17	seventeen ['säwəntihn]		1/4	a/one quarter [ə/wan 'kwohtə]

SPRACHFÜHRER FRANZÖSISCH

AUSSPRACHE

Zur Erleichterung der Aussprache sind alle französischen Wörter mit einer einfachen Aussprache in eckigen Klammern versehen.

AUF EINEN BLICK

ja/nein/vielleicht	oui [ui]/non [nong]/peut-être [pöhtätr]
bitte/danke	s'il vous plaît [ßil wu plä]/merci [märßih]
Gute(n)/Morgen!/Tag!/ Abend!/Nacht!	Bonjour! [bongschuhr]/Bonjour! [bongschuhr]/ Bonsoir! [bongßoar]/Bonne nuit! [bonn nüi]
Hallo!/Auf Wiedersehen!/ Tschüss!	Salut! [ßalü]/Au revoir! [o rövoar]/Salut! [ßalü]
Entschuldigung!	Pardon! [pardong]
Ich heiße ...	Je m'appelle ... [schö mapäll ...]
Ich komme aus ...	Je suis de ... [schö süi dö ...]
Darf ich ...?	Puis-je ...? [püi schö ...]
Wie bitte?	Comment? [kommang]
Ich möchte .../Haben Sie?	Je voudrais ... [schö wudrä]/Avez-vous? [aweh wu]
Wie viel kostet ...?	Combien coûte ...? [kombjäng kuht ...?]
Das gefällt mir (nicht).	Ça (ne) me plaît (pas). [ßa (nö) mö plä (pa)]
gut/schlecht/kaputt	bon [bong]/mauvais [mowä]/cassé [kaßeh]
zu viel/viel/wenig	trop [troh]/beaucoup [bokuh]/peu [pöh]
alles/nichts	tout [tuh]/rien [riäng]
Hilfe!/Achtung!	Au secours! [o ßökuhr]/Attention! [attangßjong]
Polizei/Feuerwehr/ Krankenwagen	police [poliß]/pompiers [pompieh]/ ambulance [ambülangß]

DATUMS- & ZEITANGABEN

Montag/Dienstag	lundi [längdi]/mardi [mardi]
Mittwoch/Donnerstag	mercredi [märcrödi]/jeudi [schödi]
Freitag/Samstag/ Sonntag	vendredi [vangdrödi]/samedi [ßamdi]/ dimanche [dimangsch]
Werktag/Feiertag	jour ouvrable [schur uwrabl]/jour férié [schur ferieh]
heute/morgen/gestern	aujourd'hui [oschurdüi] /demain[dömäng]/hier [jähr]
Stunde/Minute	heure [öhr]/minute [minüt]
Tag/Nacht/Woche	jour [schur]/nuit [nüi]/semaine [ßömän]
Monat/Jahr	mois [moa]/année [aneh]

Tu parles français?

„Sprichst du Französisch?" Dieser Sprachführer hilft Ihnen, die wichtigsten Wörter und Sätze auf Französisch zu sagen

Wie viel Uhr ist es?	Quelle heure est-t-il? [käl ör ät il]
Es ist drei Uhr.	Il est trois heures. [il ä troasör]
Es ist halb vier.	Il est trois heures et demi. [il ä troasör e dömi]
Viertel vor vier	quatre heures moins le quart [katrör moäng lö kar]
Viertel nach vier	quatre heures et quart [katrör e kar]

UNTERWEGS

offen/geschlossen	ouvert [uwär]/fermé [färmeh]
Eingang/Einfahrt	entrée [angtreh]
Ausgang/Ausfahrt	sortie [ßorti]
Abfahrt/Abflug/Ankunft	départ [depahr]/départ [depahr]/arrivée [arriweh]
Toiletten/Damen/Herren	toilettes [toalett]/femmes [famm]/hommes [omm]
(kein) Trinkwasser	eau (non) potable [o (nong) potabl]
Wo ist ...?/Wo sind ...?	Où est ...? [u ä ...]/Où sont ...? [u ßong ...]
links/rechts	à gauche [a gohsch]/à droite [a droat]
geradeaus/zurück	tout droit [tu droa]/en arrière [ong arriähr]
nah/weit	près [prä]/loin [loäng]
Bus/Straßenbahn/U-Bahn/Taxi	bus [büß]/tramway [tramwäi]/métro [mehtro]/taxi [takßi]
Haltestelle/Taxistand	arrêt [arrä]/station de taxi [ßtaßjong dö takßi]
Parkplatz/Parkhaus	parking [parking]
Stadtplan/[Land-]Karte	plan de ville [plang dö vil]/carte routière [kart rutjähr]
Bahnhof/Hafen/Flughafen	gare [gahr]/port [pohr]/aéroport [aeropohr]
Fahrplan/Fahrschein	horaire [orär]/billet [bije]
einfach/hin und zurück	aller simple [aleh ßämpl]/aller-retour [aleh rötuhr]
Zug/Gleis/Bahnsteig	train [träng]/voie [woa]/quai [käh]
Ich möchte ... mieten.	Je voudrais louer ... [schö wudräh lueh ...]
ein Auto/ein Fahrrad/ein Boot	une voiture [ün woatür]/un vélo [äng weloh]/un bateau [äng batoh]
Tankstelle	station d'essence [ßtaßjong deßangß]
Benzin/Diesel	essence [eßangß]/diesel [diesäl]
Panne/Werkstatt	panne [pann]/garage [garahsch]

ESSEN & TRINKEN

Die Speisekarte, bitte.	La carte, s'il vous plaît. [la kart ßil wu plä]
Könnte ich bitte ... haben?	Puis-je avoir ... s'il vous plaît? [püischö awoar ... ßil wu plä]
Flasche/Karaffe/Glas	bouteille [buteij]/carafe [karaf]/verre [wär]
Messer/Gabel/Löffel	couteau [kutoh]/fourchette [furschät]/cuillère [küijär]
Salz/Pfeffer/Zucker	sel [ßäl]/poivre [poawr]/sucre [ßükr]

Essig/Öl	vinaigre [winägr]/huile [üil]
Milch/Sahne/Zitrone	lait [lä]/crème [kräm]/citron [ßitrong]
kalt/versalzen/nicht gar	froid [froa]/trop salé [tro ßaleh]/pas cuit [pa küi]
mit/ohne Eis/Kohlensäure	avec [awäk]/sans [ßang] glaçons/gaz [glaßong/gaß]
Vegetarier(in)	végétarien(ne) [weschetarijäng/weschetarijänn]
Ich möchte zahlen, bitte.	Je voudrais payer, s'il vous plaît. [schön wudrä pejeh, ßil wu plä]
Rechnung/Quittung	addition [adißjong]/reçu [rößü]

EINKAUFEN

Apotheke/Drogerie	pharmacie [farmaßi]/droguerie [drogöri]
Bäckerei/Markt	boulangerie [bulangschöri]/marché [marscheh]
Einkaufszentrum	centre commercial [ßangtre komerßial]
Kaufhaus	grand magasin [grang magasäng]
100 Gramm/1 Kilo	cent grammes [ßang gramm]/un kilo [äng kilo]
teuer/billig/Preis	cher [schär]/bon marché [bong marscheh]/prix [pri]
mehr/weniger	plus [plüß]/moins [moäng]
aus biologischem Anbau	de l'agriculture biologique [dö lagrikültür bioloschik]

ÜBERNACHTEN

Ich habe ein Zimmer reserviert.	J'ai réservé une chambre. [scheh reserweh ün schangbr]
Haben Sie noch ...?	Avez-vous encore ...? [aweh wusangkor ...]
Einzel-/Doppelzimmer/ Frühstück	chambre simple/double [schangbr ßämplö/dublö] petit déjeuner [pöti deschöneh]
Halbpension/Vollpension	demi-pension [dömi pangßjong]/pension complète [pangßjong komplät]
Dusche/Bad	douche [dusch]/bain [bäng]
Balkon/Terrasse	balcon [balkong] /terrasse [teraß]
Schlüssel/Zimmerkarte	clé [kleh]/carte magnétique [kart manjetik]
Gepäck/Koffer/Tasche	bagages [bagahsch]/valise [walis]/sac [ßak]

BANKEN & GELD

Bank/Geldautomat/ Geheimzahl	banque [bangk]/guichet automatique [gischeh otomatik]/code [kodd]
bar/Kreditkarte	comptant [komtang]/carte de crédit [kart dö kredi]
Banknote/Münze	billet [bijeh]/monnaie [monä]

GESUNDHEIT

Arzt/Zahnarzt/Kinderarzt	médecin [medßäng]/dentiste [dangtißt]/pédiatre [pediatrö]
Krankenhaus/Notfallpraxis	hôpital [opital]/urgences [ürschangß]

Fieber/Schmerzen	fièvre [fiäwrö]/douleurs [dulör]
Durchfall/Übelkeit	diarrhée [diareh]/nausée [noseh]
Sonnenbrand	coup de soleil [ku dö ßolej]
entzündet/verletzt	enflammé [angflameh]/blessé [bleßeh]
Pflaster/Verband	pansement [pangßmang]/bandage [bangdahsch]
Salbe/Schmerzmittel	pommade [pomad]/analgésique [analschesik]

TELEKOMMUNIKATION & MEDIEN

Briefmarke	timbre [tämbrö]
Brief/Postkarte	lettre [lätrö]/carte postale [kart poßtal]
Ich brauche eine Telefonkarte fürs Festnetz.	J'ai besoin d'une carte téléphonique pour fixe. [scheh bösoäng dün kart telefonik pur fiekß]
Ich suche eine Prepaidkarte für mein Handy.	Je cherche une recharge pour mon portable. [schö schärsch ün röscharsch pur mong portablö]
Wo finde ich einen Internetzugang?	Où puis-je trouver un accès à internet? [u püische truweh äng akßä a internet]
wählen/Verbindung/besetzt	composer [komposeh]/connection [konekßiong]/occupé [oküpeh]
Steckdose/Ladegerät	prise électrique [pris elektrik]/chargeur [scharschör]
Computer/Batterie/Akku	ordinateur [ordinatör]/batterie [battri]/accumulateur [akümülatör]
At-Zeichen	arobase [arobaß]
Internet-/E-Mail-Adresse	adresse internet/mail [adräß internet/mejl]
Internetanschluss/WLAN	accès internet [akßä internet]/wi-fi [wifi]
E-Mail/Datei/ausdrucken	mail [mejl]/fichier [fischjeh]/imprimer [ämprimeh]

FREIZEIT, SPORT & STRAND

Strand	plage [plahsch]
Sonnenschirm/Liegestuhl	parasol [paraßol]/transat [trangßat]
Ebbe/Flut/Strömung	marée basse [mareh baß]/marée haute [mareh ot]/courant [kurang]
Seilbahn/Sessellift	téléphérique [teleferik]/télésiège [teleßiäsch]
Schutzhütte/Lawine	refuge [röfüsch]/avalanche [avalangsch]

ZAHLEN

0	zéro [sero]	8	huit [üit]	
1	un, une [äng, ühn]	9	neuf [nöf]	
2	deux [döh]	10	dix [diß]	
3	trois [troa]	20	vingt [väng]	
4	quatre [katr]	100	cent [ßang]	
5	cinq [ßänk]	1000	mille [mil]	
6	six [ßiß]	½	un[e] demi[e] [äng/ühn dömi]	
7	sept [ßät]	¼	un quart [äng kar]	

REISEATLAS

Unterwegs in der Karibik

Die Seiteneinteilung für den Reiseatlas finden Sie
auf dem hinteren Umschlag dieses Reiseführers

Virgin Islands

3 km
1.86 mi

1

2

ATLANTIC OCEAN

3

BRITISH VIRGIN ISLANDS

4

Towing R
The Holle
Guana Island
Baie
Grou
Little
Lemanc
Tortola
246

Great Tobago
Hollow Point 321
Little Jost van Dyke
Rough Point
Anguilla Point
Josiahs Bay
Balsum Ghut
268
East End
Northern Point ▲160
West End Point
▲147
94
Green Cay
Brewers Bay
Great Mt.
452
408 ▲379
Wesley Will
40
Little Tobago
White Bay
Jost van Dyke
Great Harbour
Sandy Cay
Cane Garden Bay
Atlantic Gardens
Callwood
459
Leonards
Long Sw
Maya Co
Buck
ROAD TOWN
Mount Sage National Park
Destiny
Mt. Sage
513▲ 523
Charlotte
Kingstown
Nora Hazel Po

15

US VIRGIN ISLANDS

Belmont Point
Snugglers Cove
West End
Freshwater Pond
Fort Recovery
Nannie Cay
Apple B.
Sir Francis Drake Ch
Great Thatch Island
187
Sopers
Little Thatch I.
Frenchman's Cay

5

Grass Cay
Congo Cay
The Narrows
Great Harbour Point
Dead Chest
Mingo Cay
Annaberg Ruins
Mamey Peak
▲350
Emmaus
Coral Bay
Rock Hole
▲118
Key Pt.
Little Harbour
Big Reef B
Peter Isl
St. Thomas
Underwater Trail
Pelican Island
117
Little Reef
Cruz Bay
Sugar Mill Ruins
Calabash Boom
Johns Folly
Flanagan Island
Treasure Pt.
▲130
Norman Island
Virgin Islands National Park
St. John
Leduck Island
Flanagan

6

D　**E**　**F**

1

West End Point
Windlass Bight
Flamingo Pond
Loblolly High Point
Bird Sanctuary
Pomato Point
Setting Point
Red Pond
The Settlement
Budrock Pond

Anegada

East Point

2

3

Necker Island

Mosquito Island
Prickly Pear Island
Eustatia Island
Pajaros Point

Seal Dogs
North Bay Bluff
George Dog
Mountain Pt.
Long Bay
North Sound
Berchers Bay
Berchers Bluff
Great Camanoe I.
Great Dog
Virgin Gorda Peak
Gorda Peak N.P.
Savannah Bay
South Sound
West Dog
North East East End
Mahoe Bay
South Sound Bluff
Scrub Island
Blowing Pt.
Colison Pt.
Black Point
dna Cay
Point
Taylors Bay
Virgin Gorda

Spanish Town
Cooper Mine Bay
Beef Island
Spring Bay
The Baths
Devil Bay N.P.
77
Crooks Bay
The Bluff
Fallen Jerusalem National Park
Fallen Jerusalem

4

Quart-a-Nancy Pt.
Round Rock
13
Round Rock Passage

Cooper Island
107
Ginger Island
Salt Island Bluff
155
Markoe Pt.
1

5

C a r i b b e a n   S e a

14

6

Virgin Islands

Caribbean Sea

U.S. VIRGIN ISLANDS

Cockroach Island
• Cricket Rock

Dutchcap Passage

Lizard Rocks

Outer Brass Island

Brass Channel

Little Hans Lollik Island

Hans Lollik Island

• Ornen Rock

Coconut Bay

Dutchcap Cay

Gorret Rock

Salt Cay Passage

Inner Brass Island

Hans Lollik Rock

Leeward Passage

West Cay

Salt Cay

Kalkum Cay

Botanical Garden
Virgin Island's National Park

Magens Bay

Lovenlund Bay

Tutu Bay

That The Tunnels

Bordeaux Hill 212

275

Bonne Esperance

St. Peter

Mountain Top

Wintberg Peak 295

42

New

Fortuna Hill

Fortuna

30

33

Reichholt Center for the Arts

Signal Hill

Hassel I. 522

South Side

East End

40

Savana Passage

Saltwater Money Rock

Brewers Bay

Frenchtown

CHARLOTTE AMALIE

38

Tutu

Nadir

Benn

Savanna Island

Lindbergh Beach

Virgin Islands National Park

Frenchmans Reef

264

Mulliberg

Frenchmans Bay

Bovor

St. Thomas

Flat Cays

Turtledove Cay

Porpoise Rocks

Green Cay

Long Point

3 km

1.86 mi

Saba Island

Water Island

Bolongo Bay

Cuba, Dom. Republic
Panama, Mex.
Venezuela
Trinidad
Europe

St. Croix

Caribbean Sea

Cane Bay

80

Hydrolab

Kirkegaard 301

Hams Bluff

Davis Bay

Mount Eagle 355

Blue Mountain

Glynn

Friedensf

Northside

69

Mon Bijou

334

CHRI

Annaly

Rain Forest

Fredensbor

Grove Place

76

St. George Botanical Garden

Kings-hill

Strawber Hill

Fort Frederik

70

Cruzan Rum Factory

70

Profit

Hes

Frederiksted

Estate Whim Plantation Museum

Williams Delight

Alexander Hamilton Airport

Refi

Sandy Point

Campo-rico

Long Point Bay

Carlton Beach

U.S. VIRGIN ISLANDS

South West Cape

140

1

Tobago 160 ▲
147 ▲

Hollow Point
321 ▲
Little Jost van Dyke
94 ▲

Green Cay

Rough Point

Brewers Bay

ROAD TOWN

West End Point 23 ▲
Great Harbour
Sandy Cay
Du Bois Point
Cane Garden Bay

White Bay
Botanic Gardens
459 ▲

Jost van Dyke
Callwood Distillery
Leonards

15
Tortola
Mt. Sage 521 ▲
Fort Charlotte

BRITISH VIRGIN ISLANDS
Belmont Point
513 ▲ Mount Sage National Park

Great Thatch Island
West End
Freshwater Pond
Nannie Cay

187 ▲
Little Thatch I.
Fort Recovery
Frenchmans Cay
Road Town
Spanish Town

2

Congo Cay
Whistling Cay
Mary Pt.
Lein-ster Bay
More Hill 146 ▲
The Narrows

Grass Cay
Lovango Cay
Cinnamon Bay
Annaberg Ruins

Mingo Cay
Trunk Bay
20
Emmaus
Hurri-cane Hole & Coral Bay
Nancy Hill
East End Point
Privateer Point
Pelican Island

Winward Passage
Underwater Trail
Mamey Peak
350 ▲
107
10
159 ▲
East End
Flanagan Island

Old Marine Park
104
Caneel Bay
Gamelberg Peak
Bordeaux Mtn.
389 ▲
Calabash Boom
Red Point

Two Brothers
10
364 ▲
Retroglyphes
Norman Island

Redhook Pt.
Cruz Bay
Gift Hill 252 ▲
Sugar Mill
Minna Hill 301 ▲
Johns Folly

Great St. James Island
Blasbalg Point
Reef Bay Ruins
White Pt.
Leduck Island

Rendez-vous Bay
Virgin Islands National Park
Saltpond Bay

St. John
Ram Head

3

4

Columbus Landing

Buck Island

Buck Island Reef National Monument (Underwater Trail)

Cormorant Beach
Christiansted Harbor
Green Cay
Buck Island Channel

Fort Christiansvaern
82
Cramer Park
Sugarloaf Hill 205 ▲
Point Udall

NSTED
75
Saint Peter
Langs Observatory
Seven 264 ▲

on Farm
Prospect Hill 229 ▲
624
60
Grapetree Bay

Bugbyhole
62
Great Pond Bay

5

62

Canegarden Bay
3 km
1.86 mi

Krause Point

Caribbean Sea

6

A   **B**   **C**

1

ATLANTIC OCEAN

Great Point

Grey Hill

Cave of Rum Bay

Torrens Point

Mary's Point Ruins

Green Island

Flat Point
Juancho Yrausquin Airport

Sulphur mines oven

Lower Hell's Gate

Flat Point Boiling House
Cove Bay

Well's Bay

Mary's Point Mtn. 585

Sandy Cruz

Upper Hell's Gate

Kelbey's Ridge

Spring Bay

2

Ladder Bay

Mountain Scenery 870

Old Booby Hill 230

The English Quarter

Spring Bay Flat Boiling House

Troy

Booby Hole Ridge

Core Gut Bay

THE BOTTOM

Maskerhorne Hill 555

Windwardside

The Gap

Bottom Hill

Peter Simmons Hill 564

Great Hill 431

Bunker Hill

Thais Hill 398

St. John's Hill

Booby Hill

The Level 523

St. John's

Johnnies Ground

Tent Point

Tent Bay

Fort Bay

Giles Quarter

Fence Quarter

Corner Point

3

Caribbean Sea

Saba ⭐ **11**
(Neth.)

500 m
547 yd

4

Cocoluch Bay

Boven Bay

ATLANTIC

Fortaan Bay

Boven 294

Venus Bay

OCEAN

Gilboa Hill

Sint Eustatius
(Statia)
(Neth.)

Little Mountain

Zeelandia Bay

Zeelandia

Concordia Bay

Bargine Bay

Great Bay

5

Signal Hill

Franklin D. Roosevelt-Airport

Fort Amsterdam

Compagnie Bay

Fort Royal

Concordia

Jeems

Golden Rock

Smoke Alley Beach

Historical Foundation Museum

Round Hill 155

Behind the Mountain

Corre Corre Bay

Fort Oranje
Oranje Bay
Old Gin House

ORANJESTAD

Gallows Bay

Crater 'The Quill'

Mazinga 600

⭐ **12**

6

Caribbean

Fort Nassau

Kay Bay

White Hall

Fort de Windt

Back-off Bay

Sea

1 km
0.62 mi

142

ATLANTIC

OCEAN

Französische Antillen

Point de Froussards
Rocher de L'Anse Marcel
Bell Point
Crowl Rock
North Point
Plateau
Red Rock
Ilet Pinel

Cul de
Sac
(Fr.)
Petite Clef

Saint-Martin
(France)

Grand-Case
Grand Case
Airport
Grand Case
Salt Pond
La Savane
Baie Orientale

La Baterie
Etang
Guichard
Mont Careta
Hope Hill
Etang
Chevise
Orient Salt
Pond
Cave Vert

Pointe du Bluff
Rambaud
Pic du Paradis
424
Quartier
d'Orléans
Baie de l'Embouchure
Etang aux
Poisson

Fort Saint Louis
Colombier

MARIGOT
7
Concordia
St-James
Baie Nettlé

Grand
Etang de
Great Key
Simson Baai
Boundary Monuent
St. Peter
South Reward
Lower Prince's
Quarter
Oyster
Pond
Dawn Beach

owlands
Little Key
Saunders
St. Johns
Naked Boy Hill

ho Bay
Queen Juliana Airport
Sentry Hill
340
Cole Bay
Great
Salt Pond
Upper Prince's
Quarter
Sint Maarten
Museum
Guana Bay
Guana Bay Point

Cole Bay Hill
Fort
William
PHILIPSBURG
Genève Bay
Guana Key

Cole Bay
Groot Baai
Fort Amsterdam
Point
Blanche

Sint Maarten
(Netherlands)
Little Bay

Caribbean
Pt. Blanche
Witte Kaap

Sea

2 km
1.24 mi

Leeward Islands

Caribbean

Sea

Hacket Point

3

Dieppe Bay Town

Willet's Bay

Sandy Bay

Helden's Point

St. Paul's

Parsons

Sadlers

Brotherson's

Ground

Bellevue

Estate

Ottley's

Black Rocks

St. Paul

Plantation

Newton

St. John

Tabernacle

Mansion

Ground

10

Nicola Town

Estridge

Estate

Molineux

Fig Tree Fort

St. Anne

Mt. Liamuiga

Philips

Lodge

Ottley's

Fig Tree

1156

North West Range

Pump Bay

Sandy Point

St. Thomas

Ca

Sandy Point Fort

Town

Christ Church

St. Mary

Charles Fort

Brimstone Hill

9

Greenhill

Estate

Bayfor

Half Way Tree

Carib Rock

Drawings

Romney Manor

South East Range

Stap

Middle Island

1000

St. Peter's

Old Road Town

Old Road Bay

Trinity

St. Kitts

(St. Christopher)

Challengers

Trinity

Fairview Inn

Bloody Point

Boyd's

Palmetto Point

Fort

3

Fort Thomas

BASSETER

Windward

Point

Prickly Pear

Seal Island

Capitain's Bay

Windward P

Cays

Scilly

5

Cay

Stoney Bay

Shoal Bay

Shoal Bay East

Village

Island

Fountain Hill

Harbour

Savannah Bay

Mid Cay

Savannah

East Cay

55

Gibbon Point

Spring

Bay

East End Village

Bay

Limestone Bay

North Side

Flat Cap Point

59

Mimi Bay

Stoney Bay

North Side

Stoney

Dog Island

Little

The Valley

Ground

Crocus Bay

Betty Hill

Sandy Island

Mahogany Tree

Sandy Hill Bay

The

Wallblake House

Quarter

Long Salt

Anguilla

Road Point

Wall Blake

Pond

North Hill Village

Airport

Conkpool Bay

(U.K.)

Sandy Ground Village

George

Forest Point

Mead's Bay

Hill

Caribbean

Long Bay Village

Long Bay

South Hill Village

Forest Bay

ATLANTIC OCE

Lower

Corito Bay

Sea

South Hill

Lookout Tree

Little

5 km

Barnes Bay

Harbour

West End Village

Blowing Point Village

3.11 mi

West End Bay

Rendez

Blowing Point

Cove

End Point

vous Bay

Bay

144

Shoal

Bay West

Maunday's Bay

Anguillita Island

Blowing Rock

Barbuda

A **B** **C**

1

Billy Point
Goat Point
Goat Island
ATLANTIC OCEAN
Cedar Tree Point
Hog Point
Darby Sink Cave
Two Feet Bay
Rubbish Bay
Highland House
Low Bay
Codrington
The Highlands
Caribbean Sea
Castle Hill
Martello Tower
River Fort

2

Palmetto Point
Spanish Well Point
The Castle
Cocoa Point
Spanish Point

5 km
3.11 mi
Antigua

Barbuda

Boon Channel
Boon Point
Soldier Point
Weatherills Point
Weatherills
Cedar Grove
Mount Je
The Sisters
Dickenson Bay
Corbison Point
Friars Hill
New Wint
Pelican Rocks
Paradise View
St. John
Barnes Hill
Runaway Bay
Fort Bay
Woods
Clare Hall

3

Caribbean Sea
Fort Barrington
Fort James
St. John's Harbour
Shipstern Point
Galley Bay
Deep Bay
Five Islands Village
45
St. John's
Sutherlands Development
St. Johnstone Village
Guard Point
Hawks Bill Bay
Sutherland
Golden Grove
Potters Village
Gulf Point
Hansons Bay
Belmont
Fullerton Point
Maiden Island
Five Island Harbour
58
Creekside
Pelican Island
Leonards Pt.
New Division
Believue Heights
Stormy Horn
Hermitage
Renfrew
Bakers Cellar
Yorks
Ebenezer

4

Five Islands
Pearns Point
Jennings
St. Lukes
63
Mosquito Cove
Emanuel
Aberde
Buck
Reeds Point
Bendals
Lignumvitae Bay
Bolans
Valley Church Bay
Ffryes Point
St. Mary
Ffryes Bay
Boggy Peak
Sawcolts
Sw
Half Hide or Picarts Bay
Dark Wood
402
Sage Hill
John Hughes
354
Crab Point
Shekerley Mtns.
393
Bishops

5

Crab Hill Bay
Crab Hill
Johnsons Point
Cades Bay
Fig Tree Hill
Signal Hill
368
Urlings
Brooks Old Mill
Tramontania
Goat Head
Morris Bay
Old Road
Doi
Curtain Bluff
Carlisle Bay
Old Road Bluff
An

Redonda
(Ant. & Barb.)

296

6

South Point
Pinnacle Rock

D　　**E**　　**F**

1

Leeward Islands

2

A T L A N T I C

O C E A N

Channel

ars Point

Shoal Point

Dutchman Bay
High Point
Coolidge

Long
Island

*Maiden
Island*　*Great Bird
Island*

North Sound

3

Antigua Int'l.
Airport
St. George
Church
ots

Barnacle Pt.　North Sound Point

*Crabs
Peninsula*

Rabbit
Island　*Monocle Point*

Guard Hill

*Fitches Creek
Bay*
*Blackman
Point*
**Parham
Harbour**

Barnes Hill

Guiana Island

*George
pe*

Parham

St. Peter

North
Sound

Vernons

*Rendevous or
Guiana Bay*

Crump
Island

Pelican Island

North Channel

South Channel

*Mercers Creek
Bay*

Rooms

Dams Pt. Indian Town Pt.
Devil's Bridge

4

*View
n*

Freemans

Pares

Gilbert

Seatons

Mayers

Spencers

Willikies

*Spithead
Channel*

Site of Fort

Cochranes
The
Diamonds

Glanvilles

Betty's
Hope

49

Grays Pt.

*Nonsuch
Bay*

Bird Island

Conk Pt.　*Green Island*

Big Duers

Little
Duers

Long
Lane

Gaynors

Pig Pt.

Fort Harman Pt.

26

All Saints

Burkes

Lavingtons

St. Philip

Harmony
Hall

The
Brook

York Island

Willis

Delaps

Lyons

Newfield

83

*Potworks
Dam*

Ffryers

Montpellier

Watsons

5

St. Paul

Freemans

Table
Hill Gordon

62

St. Philip's

Freetown

Marygalante Bay

Friars Head

Exchange Bay
Smith Island

Liberta

Bethesda

Christian
Hill

Willoughby

Fort William

Half Moon Bay

Soldier Point

Monks Hill

Red Hill

*Willoughby
Bay*

Hudson Point

Falmouth

sons

**English
Harbour
Town**

Chalky
Hill

Savannah

Isaac Point

Horse Shoe Channel

*Falmouth
Harbour*

Bats Cave

ters

*Dieppe
Bay*

The
Ridge

Site of
Fort Christian

tors Point

Site of
Middle Ground

Nelson's
Dockyard

Shirley
Heights

Blockhouse Hill
Cape Shirley

*Snapper
Hole*

ua

6

2 km
1.24 mi

Französische Antillen

5 km
3.11 mi

Caribbean Sea

Pointe de la Grange Vigie
Anse Pistole
Anse Laborde
Lag
Le Trou
Anse-Bertrand

Pointe d'Antigues
Campê
8
Anse du Souffleur
Port-Louis
Beauport
Gros-Ca
6
Anse de la Guérite
Les Mangles
Anse du Canal
Petit-Canal
Sain
Margu
Pointe à Rétz
Îlet à Fajou
Îlet Macou
Îlet à Kahouanne
Pointe Allègre
Île de Carénage
Vieux-Bourg
Morne-à-l'Eau
Duzer
Plage de la Ramée
Grand Cul-de-Sac Marin
G r a n d e
La Grande Anse
Le Dos d'Âne
Sainte Rose
Anse Bésia
Pointe de la Grde Rivière
5
611
2
Deshaies
Sofaïa
Baie Mahaut
Aérop. le Raizet
5
Pointe Ferry
Belle Hôtesse
La Boucan
Lamentin
Baie Mahault
Les Abymes
POINTE-À-PITRE
Pointe Morphy
777
La Couronne
756
Castel
1
Jarry
Fort Fleur d'Épée
Pointe-Noire
Morne Jeanneton
744
Rhums Charles Simonnet
Petit Cul-de-Sac Marin
4
St-Félix
Anse Guyonneau
Maison du Bois
Parc Zoologique
Cascade aux Écrevisses
Verniou
Pointe à Bacchus
Le Gosier
Pointe Canot
Anse Caraïbe
Pointe Mahaut
Morne à Louis
743
631
768
Morne Léger
Saut de la Lézarde
Petit-Bourg
Grand Îlet
Pointe de Roujol
Malendure
Les Mamelles
Maison de la forêt
Pointe la Rose
Anse à Douville
Guade (Fran
Îlets à Goyaves ou de Pigeon
Pointe à Lézard
2
Park National
Pitons de Bouillante
1088
Pointe du Quesy
Petite Anse
Trois Crêtes
1120
B a s s e - T e r r e
Goyave
Anse de Sable
Pointe du Carénage
Marigot
917
Morne Moustique
Montagne Soldat
1354
651
Petit et Grd. Sans-Toucher
Matéliane
1298
de la
6
Sainte Marie
Landing place of Christoph Kolumbus
Plage de Roseau
Pointe des Habitants
819
Crête des Icaques
1151
Guadeloupe
Carmichaël
1414
Hindu-Temple
Pointe Constant
Vieux-Habitants
Saut d'Eau de Matouba
Nez Cassé
La Soufrière
1467
1281
Chutes du Carbet
Étang Zombi
Routhiers
Pointe de la Capesterre
Roche Gravée
Matouba
1155
Echelle
1397
Capesterre-Belle-Eau
Saut de Constantin
Maison du Volcan
Citerne
Cascade de la Paraboie
Baillif
St-Claude
La Madeleine
Saint-Sauveur
Anse St.-Sauveur
Pointe du Carbet
BASSE-TERRE
Gourbeyre
Delgrès
Pointe Madame
Pointe Coq-Souris
Anse Bernard
Anse Turle
Monts Caraïbes
687
Trois-Rivières
Fort Royal
Parc Archéologique des Roches Gravées
Vieux-Fort
Pointe à Launay
Terre-de-Haut
Terre-de-Bas

D　　　**E**　　　**F**

Saint-Barthélemy
(Fr.)

1

St-Martin

Flamands　　　Baie de
　　　　　　　St-Jean　　Marigot
Corossol　　　　　　　Lorient
　　　　　　　　　　　St-Jean　▲281
Gustavia　　　　　　　　Grand
　　　　　　　　　　　　　Fond

2

te d'Enfer
Coco
fleur
u Souffleur
à la Barque

se des Corps
pelle Ste-Anne
　　Anse de la
Savanne Brûlée

A T L A N T I C

Anse à Néau

Pointe du
Grand-Abaque

La Désirade

Baie-
Mahault
Le Souffleur
Pointe
Frégule
　　　　　Anse d'en Haut
　　　　Grande-Anse
　　Beauséjour

lsr de
uverte
nilleu
Le Moule

Porte d'Enfer

Anse à l'Eau

âteau-
illard
e
★Zévalo

St-Louis
5　Chapelle Baie d'Olive

Pointe
des Colibris

3

ouville
4

St-François
Anse à la Baie

Pointe des Châteaux

ne

Anse
Kahouanne

★Pointe des Colibris

Pointe du Vert
Gros Sable

acques

O C E A N

Iles de la Petite Terre

Terre de Haut

4

pe

Terre de Bas

Les Saintes
(Fr.)

Trois-Rivières

Marie-Galante
(Fr.)

Grosse Pointe

Gueule Gd. Gouffre ★

5

Anse du
Vieux-Fort
Anse Canot

Vieux-Fort

Caye Plate
Pointe Pisiou
Anse Chapelle
Pointe Saragot
Anse Piton

Basse-Terre

Fort
Napoléon

Terre-de-Haut

★Roches
★Percées
★Trou de Grd. Souffleur

Grelin

Orgues de
Basalte
Terre-de-Bas
Basse-Terre
Morne Abym　316

Terre-
de-Haut

St-Louis
9

Le Trou
à Diable
▲204

Pnte
de Tali

Petites-Anses

Gde-Anse

Caye à
Poirier
Les
Galeries

La Couche

Grand Ilet

Rabi

Pointe
de Ch...
metière

Anse
Ballet

Grand-Bourg

Château
Murat ★

Capesterre-
de-Marie-Gal.

Pointe-à-
Pitre

Pointe la Feuillière

rg

Pointe
des Basses

ma

St. Lucia

CASTRIES

Gros Islet

Soufrière

Vieux Fort

ATLANTIC

OCEAN

Caribbean Sea

Saint Lucia Channel

5 km
3.11 mi

A **B** **C**

1
2
3
4
5
6

Canal de la Dominique

Grand'Rivière Macouba
Cap St-Martin Basse-Pointe Anse Basse Pointe
1
Plantation Leyritz
Grande
Anse Céron L'Ajoupa-Bouillon Le Lorrain
895
Mont. Pelée 3
1397 509
Le Prêcheur Parc Naturel Rég. 567
386 Morne Jacob
Tombeau Le Morne 884 Le Nord
des Caribes Rougé de la
2
St-Pierre Fonds- Morne Bellevue
St-Denis
Anse Turin 924 694
Observatoire Deux-Choux
523 Martiniq
Le Carbet Piton du Carbet 1120
Le Morne- 1196 469
Vert Piton du Carbet 3 Jardin de
Anse Four à Chaux Sion Therm Balata
Bellefontaine d'Absalon
2 564 Balata
Case-Pilote

Caribbean

Sea Schœlcher
Pte. des Nègres

FORT-DE-FRANCE
Baie de Fort-de-France
Po
du
Anse à l'Âne
Anse Noire
Anse Dufour Parc
Cap Salomon 460 Natu
Grde. Anse d'Arlet de la M
Les Anses-d'Arlet
Morne Laro
471
Petite Anse
du Diamant Pte. du Diamant

St. Lucia

5 km
3.11 mi

Französische Antillen

1

A T L A N T I C

O C E A N

Le Marigot
Anse Charpentier

Fond St-Jacques

Sainte-Marie
151 *Îlet St-Aubin*

Pte. du Diable

2

149 Res. Nat.
de la Caravelle

217 *La Caravelle*
Morne
des Esses La Trinité *Baie Grandjean*

Martinique
(France)

Baie
de Galion *Pte. de la Batterie*

Gros-Morne

P. Nat. Rég. d. l. Martinique

124 *Îlet Ramville*
ou Chancel

Havre du Robert

Le Robert

3

Joseph

319

Cul de Sac des Roseaux

111 185 *Baie du*
François

Le François

Le Lamentin

6 *Baie du Simon*

Aérop. de
Fort-de-Fr.
Le-Lamentin 136

4

Ducos Le St-Esprit

5 *Pte. Vauclin*

Mgne. du Vauclin *Baie du*
Vauclin

504

Le Sud

Le Vauclin

Rivière-Salée 209 6

188 Naturel Régional

Cul de Sac de
Paquemar

359 de la Martinique

5

Forêt de
Montravail

106 Rivière-Pilote

Blocs
Erratiques

Grande Anse
Macabou

Ste-Luce Le Marin

Grande Anse
Cap Ferré

nde Anse
du
iamant *Anse*
du
Céron 5 200

er du Diamant

Ste-Anne

Pte. Dunkerque Savane des
Pétrifications

Pte. Baham

6

Pte. des Salines *Pte. d'Enfer*

Canal de Ste-Lucie

Windward Islands

St. Vincent Passage

Caribbean

Sea

Cape Roll
Fancy
Owia
Owia Bay

Baleine Point
De Volet Point
★ Falls of Baleine

Sandy Bay
Chibarabu Point
New Sandy
Bay Village

La Soufrière
1219
✿ Crater Lake
★ Rabacca
Farms
Overland Village

Larikai Point
Larikai Bay
Morne Ronde Point

Orange Hill

Wallibou Beach
Richmond Beach
St. David
Morne Garu
Mountains
Wallibou R.
Rebecca Dry R.

Chateaubelair Islet
⚓ Richmond
Richmond Peak
933
Georgetown
Petit Bordel Bay
Dark Head
Chateaubelair
1075
Mt. Brisbane

Troumaka
Rose Mall
Charlotte

Spring Village
Cumberland R.
Black Point

Wallilabou Bay
1022
Colonaire R.

Barrouallie
Paradise Malone
Colonaire
St. Patrick
Sans Souci
Colonarie Bay

822
Grand Bonhomme
Greiggs
★ Petroglyph
970
★ Montreal Garden
Macariacaw
Grant's Bay
Jackson's
Point
Vermont
Nature Trail
Biabou
⚓ Layou
Mt. St. Andrew
Richland
Park
ATLANTIC
Lapaze Rock
736
★ St. Andrew
★ Petroglyph
St. George
Mesopotamia
★ Petroglyph
Camden Park
Fort
Charlotte
★ Botanic Garden
Belmont
★ Petroglyph
OCEAN
Camden Park Bay
✿
★ Kings Hill
Forest Res.
Argyle Beach
Yambou Head
KINGSTOWN
Kingstown
Bay
Arnos Vale Airport
Glen
Stubbs Bay
Young Island
Villa
Calliaqua
Milligan Cay
Fort
Duvernette
Sharp's
Bay
Gunn Point

St. Vincent

The Grenadines

Bequia

265

Port Elizabeth

Bequia Channel

Grenada

5 km
3.11 mi

154

D   **E**   **F**

1

Barbados

A T L A N T I C

O C E A N

2

wis Beach
ill

ch
Walkers Beach
Lake Beach
ine
arclays Park

Barbados

3

Bathsheba

1

★ Andromeda Botanic
Gardens

Hackleton's Cliff

eph

St. John's Church   Bath

Villa Nova

St. John

3B

Coach Hill

Codrington College

Four Cross Roads   Sealy Hall

eorge

4

4B

Sealy Hill

Oughterson House

★ Barbados Zoo Park

Cottage Vale

★ King George V Memorial Park

Ellerton

St. Philip

Sunbury Plantation
and Museum ★

Sam Lord's Castle (Ruin)

4B

Brereton

5

Six Cross Roads   Long Bay

ge

Valley

Four Roads

6

Crane Beach

5

Christ Church

6 **St. Patrick's**

7

wton
race

Balls   ABC Hwy.

St. Martins

7

⊕ Grantley Adams
International Airport

Scarborough

T
*South
Point*

2 km
―――――
1.24 mi

6

Grenada

A · B · C

1
2
3
4
5
6

St. Vincent

C a r i b b e a n

S e a

Laurant Point
Carib's
Leap
Sauteurs
Duquesne
Bay
Nonpareil
Morne
Fendue
Union
Chanti-
melle
St. Mark Bay
St. Patrick
Victoria
Ameridian
Remains
St. Mark
Mt. R.
Hermitage
Maran Bay
Mt. St. Catherine
Benago Beach
Gouyave
841
Little River
Gouyave
Bay
Florida
St. John
Clozier
Grand Roy
Bay
Mt. Granby
Rum Distillery
Grand Roy
Bylands
Dunferm
683
Marigot
Black Bay Point
Concord Falls
Concord
765
Lower Capitol
Grands
Bras
Halifax
Harbor
2
Birch
Cove
La
Digue
Union Vi
Fontainbleu Falls
Adelphi
Marquis
Grand Etang
Mt. Lebanon
Happy Hill
Annandale
Waterfall
St. Andrew
Mt.
Carmel
Molinière Point
Willis
Grand Étang
Forest Reserve
715
Munich
Beausejour R.
Constantine
Mt. Moritz
Mt. Sinai
Grand Mal
Bay
Snug
Corner
702
St. George
St. David
Pomme
Rose
Tempé
FT.
George
Richmond
ST.GEORGE'S
St. David's
Hill
St. Paul's
Windsor
Forest
St. David's
Fort George Point
Fort Frederick
Epping
Forest
Le
Belmont
Corinth
Grand Anse
Bay
Grand
Anse
Morne Jaloux
La Sagesse
Quarantine Point
Rum Distillery
Nature
Center
Requin Bay
Woburn
Fort
Portici Ruins
Ruth
Howard
A
International Airport
Point Salines
St. David's Point
Westerhall
Point
Point
Salines
Fort
Jeudy
Woburn Bay
Chemin Bay
Grand
Bay
Prickly
Bay
Lance
aux
Epines
Hog
Island
Point of Fort Jeudy
Glover
Island
Calivigny
Island
O C E A
Prickly
Point

D   **E**   **F**

s

1

Mayreau   Tabago Cays

Union Island

305   Clifton

Ashton   Palm Island

Caribbean   *Martinique Channel*

ST. VINCENT AND
THE GRENADINES

Sea   Petit St. Vincent

Windward   *2*

4   29

Petit Martinique

Sandy Isle

Hillsborough   **Grand Bay**

Tyrrel
Bay   Carriacou

South West Point

Saline Island

Large Island   Frigate Island

Bonaparte Rocks

GRENADA

3

Diamond Island   Les Tantes

Ronde Island   157

Caille Island

London Island

Carib's
Leap   Green Island

Sauteurs

Morne Fendue   Bird Island

Rivière Sallée

Grenada   *4*

841   **Tivoli**   Pearls Rock

★ **Pearls Airport**

Grenville

Marquis Island   *ATLANTIC*

715

Gt. Bacolet Point

St. David's

5

OCEAN

era Island   Green Island

Sandy Island

Grenada
Bay

Rivière Sallée

Antoine
Bay   Black Rock

Rum Distillery
ivoli

iddle   Conference
Lake   Bay
an   Pearls Rock
Meadow Beach

✚ Pearls Airport

Racecourse
(disused)

Great River
Bay   Telescope Rock

nville
lle

ise Point
Marquis Island
drew's
y

t. Bacolet Point
colet Bay
let Island

oint

ANTIC

6

2 km
1.24 mi

5 km
3.11 mi

KARTENLEGENDE

Autobahnähnliche Schnellstraße
Dual carriageway

Autobahn
Highway

Hauptstraße
Main road

Sonstige Straße
Other road

Unbefestigter Fahrweg
Unmaid road

Piste
Track

4 Straßennummer
Road number

Schiffsverbindung
Shipping line

Autofähre
Car ferry

Staatsgrenze
National boundary

Provinzgrenze
Provencial boundary

MARIGOT Provinzhauptstadt
Capital of province

Nationalpark, Naturpark,
Naturschutzgebiet
National park, nature park,
nature reserve

Fluss
River

Süßwassersee
Freshwater lake

Salzsee
Saltwater lake

Sumpf
Swamp

Korallenriff
Coral reef

Mangrove
Mangrove

MARCO POLO Erlebnistouren
MARCO POLO Discovery Tours

Internationaler Flughafen
International airport

Flugplatz
Airfield

Badestrand
Bathing beach

Tauchen
Diving

Surfen
Surfing

Kalte Quelle
Cold Spring

Heiße Quelle
Hot Spring

Hotel
Hotel

M Museum
Museum

Sehenswürdigkeit
Object of interest

Golfplatz
Golf-course

Wrack
Wreck

Hafen, Ankerplatz
Harbour, mooring

Leuchtturm
Lighthouse

Wasserfall
Waterfall

Höhle
Cave

Aussichtspunkt
Panoramic view

63 Höhenangabe in Metern
Height in metres

Objekt
Object

MARCO POLO Highlights
MARCO POLO Highlights

FÜR IHRE NÄCHSTE REISE ...

ALLE **MARCO POLO** REISEFÜHRER

DEUTSCHLAND
Allgäu
Bayerischer Wald
Berlin
Bodensee
Chiemgau/
Berchtesgadener
Land
Dresden/
Sächsische Schweiz
Düsseldorf
Eifel
Erzgebirge/
Vogtland
Föhr & Amrum
Franken
Frankfurt
Hamburg
Harz
Heidelberg
Köln
Lausitz/Spreewald/
Zittauer Gebirge
Leipzig
Lüneburger Heide/
Wendland
Mecklenburgische
Seenplatte
Mosel
München
Nordseeküste
Schleswig-Holstein
Oberbayern
Ostfriesische Inseln
Ostfriesland/Nord-
seeküste Nieder-
sachsen/Helgoland
Ostseeküste
Mecklenburg-
Vorpommern
Ostseeküste
Schleswig-Holstein
Pfalz
Potsdam
Rheingau/
Wiesbaden
Rügen/Hiddensee/
Stralsund
Ruhrgebiet
Schwarzwald
Stuttgart
Sylt
Thüringen
Usedom
Weimar

**ÖSTERREICH
SCHWEIZ**
Kärnten

Österreich
Salzburger Land
Schweiz
Steiermark
Tessin
Tirol
Wien
Zürich

FRANKREICH
Bretagne
Burgund
Côte d'Azur/
Monaco
Elsass
Frankreich
Französische
Atlantikküste
Korsika
Languedoc-
Roussillon
Loire-Tal
Nizza/Antibes/
Cannes/Monaco
Normandie
Paris
Provence

**ITALIEN
MALTA**
Apulien
Dolomiten
Elba/Toskanischer
Archipel
Emilia-Romagna
Florenz
Gardasee
Golf von Neapel
Ischia
Italien
Italienische Adria
Italien Nord
Italien Süd
Kalabrien
Ligurien/
Cinque Terre
Mailand/
Lombardei
Malta & Gozo
Oberital. Seen
Piemont/Turin
Rom
Sardinien
Sizilien/
Liparische Inseln
Südtirol
Toskana
Venedig
Venetien & Friaul

**SPANIEN
PORTUGAL**
Algarve
Andalusien
Barcelona
Baskenland/
Bilbao
Costa Blanca
Costa Brava
Costa del Sol/
Granada
Fuerteventura
Gran Canaria
Ibiza/Formentera
Jakobsweg
Spanien
La Gomera/
El Hierro
Lanzarote
La Palma
Lissabon
Madeira
Madrid
Mallorca
Menorca
Portugal
Spanien
Teneriffa

NORDEUROPA
Bornholm
Dänemark
Finnland
Island
Kopenhagen
Norwegen
Oslo
Schweden
Stockholm
Südschweden

**WESTEUROPA
BENELUX**
Amsterdam
Brüssel
Dublin
Edinburgh
England
Flandern
Irland
Kanalinseln
London
Luxemburg
Niederlande
Niederländische
Küste
Schottland
Südengland

OSTEUROPA
Baltikum
Budapest
Danzig
Krakau
Masurische Seen
Moskau
Plattensee
Polen
Polnische
Ostseeküste/

Danzig
Prag
Slowakei
St. Petersburg
Tallinn
Tschechien
Ungarn
Warschau

SÜDOSTEUROPA
Bulgarien
Bulgarische
Schwarzmeerküste
Kroatische Küste
Dalmatien
Kroatische Küste
Istrien/Kvarner
Montenegro
Rumänien
Slowenien

**GRIECHENLAND
TÜRKEI
ZYPERN**
Athen
Chalkidiki/
Thessaloniki
Griechenland
Festland
Griechische Inseln/
Ägäis
Istanbul
Korfu
Kos
Kreta
Peloponnes
Rhodos
Samos
Santorin
Türkei
Türkische Südküste
Türkische Westküste
Zákinthos/Itháki/
Kefalloniá/Léfkas
Zypern

NORDAMERIKA
Chicago und
die Großen Seen
Florida
Hawai'i
Kalifornien
Kanada
Kanada Ost
Kanada West
Las Vegas
Los Angeles
New York
San Francisco
USA
USA Ost
USA Südstaaten/
New Orleans
USA Südwest
USA West
Washington D.C.

**MITTEL- UND
SÜDAMERIKA**
Argentinien
Brasilien

Chile
Costa Rica
Dominikanische
Republik
Jamaika
Karibik/
Große Antillen
Karibik/
Kleine Antillen
Kuba
Mexiko
Peru & Bolivien
Yucatán

**AFRIKA UND
VORDERER
ORIENT**
Ägypten
Djerba/
Südtunesien
Dubai
Israel
Jordanien
Kapstadt/
Wine Lands/
Garden Route
Kapverdische
Inseln
Kenia
Marokko
Namibia
Rotes Meer & Sinai
Südafrika
Tansania/Sansibar
Tunesien
Vereinigte
Arabische Emirate

ASIEN
Bali/Lombok/Gilis
Bangkok
China
Hongkong/Macau
Indien
Indien/Der Süden
Japan
Kambodscha
Ko Samui/
Ko Phangan
Krabi/
Ko Phi Phi/
Ko Lanta/Ko Jum
Malaysia
Nepal
Peking
Philippinen
Phuket
Shanghai
Singapur
Sri Lanka
Thailand
Tokio
Vietnam

**INDISCHER OZEAN
UND PAZIFIK**
Australien
Malediven
Mauritius
Neuseeland
Seychellen

Viele MARCO POLO Reiseführer gibt es auch als eBook – und es kommen ständig neue dazu!
Checken Sie das aktuelle Angebot einfach auf: www.marcopolo.de/e-books

REGISTER

In diesem Register sind alle im Reiseführer erwähnten Inseln, Orte und Sehenswürdig-keiten sowie einige wichtige Namen und Stichworte aufgeführt. Gefettete Seitenzahlen verweisen auf den Haupteintrag.

Andromeda Gardens (Barb.) 33
Anegada 90, **99**
Anguilla 15, **68**, 114, 119
Anse de Grande Saline (St-Barth.) 65
Antigua 13, 16, 29, **71**, 113, 114, 115, 118, 121
Aruba 82
Barbados 13, 14, 15, 16, 18, 19, 20, 22, 26, 28, 29, **32**, 113, 115, 116, 118, 119, 121
Barbados Museum 34
Barbados Wildlife Reserve 34, 116
Barbuda **75**, 119, 121
Basse-Terre (Guadel.) 57, 58
Basseterre (St. Kitts) **79**, 106
Bathsheba (Barb.) 34
Bequia 54
Boiling Lake (Domin.) 42
Bonaire 82
Bordeaux Mountain (St. John) 94
Botanic Gardens (St. Vincent) 53
Bridgetown (Barb.) 32, **35**
Brimstone Hill (St. Kitts) 80
British Virgin Islands (BVI) 17, 68, 90, 115, 118
Buck Island Nat. Park (St. Croix) **92**, 115
Canouan 115
Carib Territory (Domin.) 42
Carlisle Bay (Antigua) 74
Carriacou **50**, 109
Cascade aux Ecrevisses (Guadel.) 58
Castries (St. Lucia) 51
Charlestown (Nevis) 77
Charlotte Amalie (St. Thomas) 95
Christiansted (St. Croix) 92
Codrington (Barbuda) 75
Concord Falls (Gren.) 46
Cooper Island 103
Coral World Ocean Park (St. Thomas) 117
Corossol (St-Barth.) 64
Cruz Bay (St. John) 94
Curaçao 82
Dead Chest Island 103
Diamond Falls (St. Lucia) 51
Dog Island 71
Dominica 13, 16, 18, 22, 25, **40**, 56, 104, 115, 117, 118, 119
Emerald Pool (Domin.) 43
English Harbour (Antigua) 72
Falls of Baleine (St. Vincent) 53
Fig Tree Drive (Antigua) 72
Five Islands (Antigua) 74
Fond St. Jacques (St. Lucia) 51
Fort Charlotte (St. Vincent) 54
Fort Oranje (Sint Eust.) 85
Fort-de-France (Mart.) 61
Französ. Antillen 14, 16, **56**, 118
Frederiksted (St. Croix) 92

Freshwater Lake (Domin.) 43
Grand Anse (Gren.) 49
Grand Etang (Gren.) 46
Grande-Terre (Guadel.) 57, 60
Grenada 13, 16, 19, 27, 30, 40, **45**, 113, 114, 118, 119
Grenada Nat. Museum 46, 47
Grenadinen 53, 114
Guadeloupe 23, 25, 56, **57**, 113, 115
Guana Island 103
Gunhill Signal Station (Barb.) 35
Gustavia (St-Barth.) 64
Half Moon Bay (Antigua) 74
Harrison's Cave (Barb.) 35
Heritage Collection Mus. (An-guilla) 69
Hillsborough (Carriacou) 50
Hurrikane 23
Îles des Saintes 61
Indian River (Domin.) 43
Inter Oceans Mus. (St-Barth.) 64
J. R. O'Neal Botanic Gardens (Tortola) 96
Jost van Dyke **99**, 102, 119
Karneval 118, 119
Kingstown (St. Vincent) 53
Kolumbus, Christoph 16, **20**, **21**, 41, 57, 85, 90, 91
La Soufrière (Guadel.) 23, 58, 59
Leeward Islands 21, 40, **68**
Lorient (St-Barth.) 66
Marie-Galante 61
Marigot (St-Martin) 66
Marigot Bay (St. Lucia) 51
Marina Cay 103
Martinique 19, 25, 56, **61**, 114
Mayreau 55
Mont Pelée (Mart.) 61, 62
Montreal Garden (St. Vincent) 54
Montserrat 16, 25, **75**
Mount Gay Rum Visitors Centre (Barb.) 35
Mount Sage Nat. Park (Tortola) 96
Mountain Top (St. Thomas) 95
Mt. Scenery (Saba) 83
Musée Départemental de la Martinique 62
Musée du Rhum Saint-James (Mart.) 62
Musée Schoelcher (Guadel.) 58
Musik 31
Mustique 55
Nelson Museum (Nevis) 78
Nelson, Horatio 24, 72, 77, 78
Nelson's Dockyard (Antigua) 72
Nevis 24, 68, **77**, 114, 119
Niederländische Antillen 16, **82**
Norman Island 101
North Sound (Virgin Gorda) 103
Nutmeg Processing Station (Gren.) 46
Oistin (Barb.) 38, 118

Oranjestad (Sint Eust.) 85
Palm Island 115
Parc National de la Guadeloupe 57, **59**
Peter Island 103
Petit St. Vincent 115
Philipsburg (Sint Maarten) 87
Picard (Domin.) 45
Pigeon Island 116
Piraten 24
Pitons (St. Lucia) 23, 51
Plymouth (Montserrat) 25, 76
Pointe-à-Pitre (Guadel.) 59
Port Elizabeth (Bequia) 54
Ragged Point (Barb.) 36
Rhys, Jean 44
River Antoine Rum Distillery (Gren.) 47
Road Town (Tortola) 90, **97**
Rocher du Diamant (Mart.) 62, 63
Roseau (Domin.) 43
Rum 19, 25, 29, 32, 35, 47, 62, 116
Rum Factory and Heritage Park auf Barbados 116
Saba 13, **82**, 114, 115, 119
Saint-Claude (Guadel.) 59
Saint-Jean (St-Barth.) 65
Salt Island 103
Sandy Island **71**, 111
Scrub Island 103
Sint Eustatius 82, **85**, 119
Sint Maarten 13, 29, 30, 66, 82, **86**, 118
Sklaverei 16, 25
Spanish Town (V. Gorda) 98
St-Barthélemy 58, **63**
St-Martin 58, **66**, 86, 114, 115
St-Pierre (Mart.) 62
St. Christopher, s. St. Kitts 79
St. Croix 90, **92**, 115, 118
St. Eustatius Historical Founda-tion Mus. 85
St. George's (Gren.) 47
St. John **93**, 119
St. John's (Antigua) 72
St. John's Church (Nevis) 78
St. Kitts 22, 29, 68, 77, **78**, 106, 114, 115, 117, 119
St. Kitts Scenic Railway 80
St. Lucia 13, 16, 18, 19, 22, 23, 25, 29, 40, **50**, 114, 115, 116, 118, 119, 121
St. Maarten Park 87
St. Nicolas Abbey (Barb.) 36
St. Thomas **95**, 117, 118
St. Vincent 16, 22, 25, **53**, 114, 115, 119
Ste-Anne (Guadel.) 60
Sulphur Springs (Domin.) 44
Sulphur Springs (St. Lucia) 50
Sunbury Plantation House & Museum (Barb.) 36
Synagoge (Sint Eust.) 85

The Baths (V. Gorda) 98
The Bottom (Saba) 83
The Quill (Sint Eust.) 85
The Valley (Anguilla) 69
Tobago Cays 55
Tortola 90, **96**, 101, 115, 119
Trafalgar Falls (Domin.) 44

Union Island 55
US Virgin Islands 15, 17, 30, 90
Vieux Fort (St. Lucia) 52
Virgin Gorda **98**, 118
Virgin Islands 90
Virgin Islands Nat. Park (St. John) 94

Vulkane 25, 41, 51, 59, 76
Wallibou Bay (St. Vincent) 54
Welchman's Hall Gully (Barb.) 36
Windward (Carriacou) 50
Windward Islands 21, **40**
Zucker 16, 19, **25**, 32, 61, 79, 80, 116

SCHREIBEN SIE UNS!

Egal, was Ihnen Tolles im Urlaub begegnet oder Ihnen auf der Seele brennt, lassen Sie es uns wissen! Ob Lob, Kritik oder Ihr ganz persönlicher Tipp – die MARCO POLO Redaktion freut sich auf Ihre Infos.
Wir setzen alles dran, Ihnen möglichst aktuelle Informationen mit auf die Reise zu geben. Dennoch schleichen sich manchmal Fehler ein – trotz gründlicher Recherche unserer Autoren/innen. Sie haben sicherlich Verständnis, dass der Verlag dafür keine Haftung übernehmen kann.

MARCO POLO Redaktion
MAIRDUMONT
Postfach 31 51
73751 Ostfildern
info@marcopolo.de

IMPRESSUM
Titelbild: Barbados, Christ Church, Worthing Beach (Schapowalow/SIME: P. Canali)
Fotos: Jason deCaires Taylor (18 o.); DuMont Bildarchiv: Huber (17, 25, 30/31, 42, 58, 80, 118, 119); F1 Online/age: Canela (76), Greenberg (31); huber images: F. Damm (111); huber-images: Amantini (117), Bertsch (4 u., 87, 88/89, 90/91), W. Bertsch (92/93, 95, 96), P. Canali (2, 34, 37, 120 u.), M. Carassale (64), F. Cogoli (72), Damm (55), F. Damm (55), D. Devaux (115), C. Dutton (29, 60), O. Fantuz (5, 36), J. Foster (67), J. Foulkes (40/41), Gräfenhain (12/13, 14/15, 26/27, 99), Huber (44), Johanna Huber (11), Kremer (6, 32/33), S. Kremer (38), R. Moiola (74/75), B. Morandi (62), Ripani (4 o., 82/83), Schmid (28 r., 47), Spila (116); huber-images/KaosO2 (120 o.); huber-images/Picture Finder (70); © iStockphoto/swalls (19 o.); G. Jung (8, 9, 20/21, 22, 52, 127, 136/137); Jungle Bay Resort & Spa: Todd Anderson (18 M.); kuumba designs: Dracin Donn Thompson (19 u.); Laif: Huber (79, 116/117); Look: Pompe (28 l.); Look/age (30); Look/age fotostock (Klappe l., 50); mauritius images: D. Delimont (68/69); mauritius images/Alamy (3, 10, 114); mauritius images/Art Directors & TRIP (108); mauritius images/Bluegreen Pictures (121); mauritius images/Imagebroker: I. Kürschner (Klappe r.), N. Probst (112/113); mauritius images/International Photobank/Alamy (7, 48); mauritius images/National Geographic Creative/Alamy (18 u.); mauritius images/nik wheeler/Alamy (100/101); mauritius images/SuperStock (84); H. Mielke (56/57); Schapowalow/SIME: P. Canali (1 o.); P. Spierenburg (118/119); I. Tonollo (1 u.)

11. Auflage 2017
Komplett überarbeitet und neu gestaltet
© MAIRDUMONT GmbH & Co. KG, Ostfildern
Chefredaktion: Marion Zorn
Autoren: Irmeli Tonollo, Michael Auwers; Redaktion: Jochen Schürmann
Verlagsredaktion: Susanne Heimburger, Tamara Hub, Nikolai Michaelis, Kristin Schimpf, Martin Silbermann
Bildredaktion: Gabriele Forst; Im Trend: wunder media, München
Kartografie Reiseatlas: © MAIRDUMONT, Ostfildern; Kartografie Faltkarte: © MAIRDUMONT, Ostfildern
Gestaltung Cover, S. 1, S. 2/3, Faltkartencover: Karl Anders – Büro für Visual Stories, Hamburg; Gestaltung innen: milchhof:atelier, Berlin; Gestaltung Erlebnistouren: Susan Chaaban Dipl.-Des. (FH); Sprachführer: in Zusammenarbeit mit Ernst Klett Sprachen GmbH, Stuttgart, Redaktion PONS Wörterbücher

BLOSS NICHT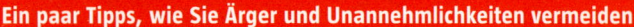

Ein paar Tipps, wie Sie Ärger und Unannehmlichkeiten vermeiden

UNTER DEM MACHINEEL TREE STEHEN

Es gibt ihn fast an jedem Strand: den *Machineel Tree,* einen Laubbaum mit herzförmigen Blättern. Seine Blätter und Früchte sind giftig, und jeder, der unter diesem Baum bei Regen Schutz sucht, beklagt sich wenig später über unangenehmen Hautausschlag. Die Regentropfen, die vom Baum fallen, enthalten ein giftiges ätherisches Öl und verursachen empfindliche Hautreizungen. Klar, dass man die Früchte auch nicht essen darf.

IN SHORTS ZUM DINNER

Allzu freizügige Kleidung ist – außerhalb der Strände – völlig unangemessen. Nacktbaden ist auf den englischsprachigen Inseln absolut verpönt, nur auf den Französischen Antillen wird über Oben-ohne am Strand nonchalant hinweggesehen; dort gibt es sogar einzelne FKK-Strände. Vermeiden Sie es, in Strandkleidung oder Shorts zum Dinner zu erscheinen. In den Luxusrestaurants ist es für den Herrn sogar üblich, Jackett und Krawatte zu tragen.

AUF EILE DRÄNGEN

Auf den Antillen haben die Menschen mehr Zeit. Erwarten Sie nicht europäische Pünktlichkeit und Zuverlässigkeit von Ihren Gastgebern – das ist ihnen fremd, hier laufen die Uhren anders. Protest, wütender oder unhöflicher zumal, richtet nichts aus, sondern ruft bei den Einheimischen nur Verwunderung oder Ärger hervor.

DIE SONNE UNTERSCHÄTZEN

Selbst wenn Sie schon leicht vorgebräunt sind oder wenn Sie am Mittelmeer noch nie Probleme mit der Sonne hatten: Hier ist die Sonneneinwirkung so stark, dass Sie leicht als „Lobster" enden können.

TIERE ODER PFLANZEN MITNEHMEN

Nehmen Sie keine Tiere oder Pflanzen mit, und kaufen Sie keine Souvenirs, die aus geschützten Tieren oder Pflanzen hergestellt wurden, z. B. Schmuck aus Korallen oder Schildpatt. Viele der Reptilien und Vögel, die auf den Kleinen Antillen heimisch sind, stehen unter Naturschutz. Der Zoll auf den Inseln und in Ihrem Heimatland sieht über Vergehen bestimmt nicht hinweg.

ZU SCHNELL FAHREN

Viele Straßen sind auf den Kleinen Antillen ausgesprochen schlecht. Schlaglöcher werden, wenn überhaupt, oft nur notdürftig überteert und sind nach ein paar Monaten wieder genauso tief wie vorher. Vor allem nachts sollte man deshalb seinen Fahrstil den Gegebenheiten anpassen, zumal die Fahrbahn auch gerne von Schafen und Rindern als Ruhestätte gewählt wird. Im Übrigen gibt es nur wenig brauchbare Straßenschilder, nach denen man sich richten könnte. Es lohnt also, eine möglichst detaillierte Karte der entsprechenden Insel mitzunehmen.